美しく生きるための美容福祉

ジェロントロジー・美齢学

編集　学校法人 山野学苑

中央法規

美容福祉の視点

ネイル

腕に負担がかからないように配慮し、コミュニケーションを楽しみながらカラーを選択します。

ハンドマッサージ

血液やリンパ液の流れを促すように、指先から腕にかけてマッサージを施します。

> 美容福祉の視点

足浴

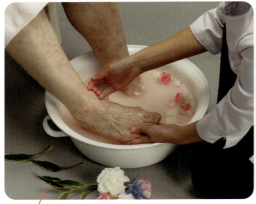
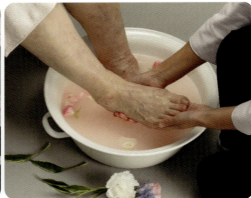

足底から優しく支え、最初はゆっくりとお湯の温度に慣らすようにして、その人の適温を配慮しつつ温めていきます。

フットマッサージ

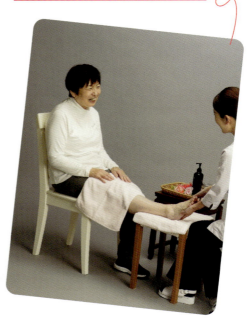

その人の様子を確認しながら、笑顔を引き出すように施術します。

メイク

肌の状態を見ながら、
その人の好みに応じて施術します。

ヘア

髪質を見ながら、
その人の好みに応じて施術します。

美容福祉の視点

すいコ〜ム

すいコ〜ムは、掃除機に装着することで、カットした髪を散らすことなく吸い込みます。

用語の使い方

美容 アピアランスケア / 化粧療法など	・ヘアケア（頭皮マッサージ＊、シャンプー、ヘアカット、ヘアカラーなど） ・フェイシャルケア（スキンケア、マッサージ＊）、メイク ・ハンドケア（ハンドマッサージ＊、ネイルケア、ネイルカラーなど） ・フットケア（フットマッサージ＊、足爪ケアなど） ・装い　　　　　　　　　　　　　　　　　　　　　　　　　　　　など
美容事業	理・美容室（サロン）、訪問理美容、エステティックサロン、ネイルサロン、その他のファッション関係事業
美容家	理・美容師、エステティシャン、ネイリスト、着付け師など

※理・美容室を合わせて「美容室」、美容関係職をまとめて「美容家」と表現している場合もある。

＊「マッサージ」という表現は、施術者や施術する場所によって制限があり、特に美容家が行う場合は、「トリートメント」や「ケア」と表現します。しかし、一般的にイメージがしにくいため、本書ではあえて「マッサージ」と表現しています。

はじめに

　超高齢社会にある日本で、年を重ねることをあなたはどのように感じていますか。私たち山野学苑では、今こそ「美しく生きる」ことについて問われる社会になったと感じています。

　山野学苑の創始者である山野愛子は、戦後日本の美容業の社会的地位確立のため、美容教育に大きく貢献した美容家でもあります。その山野愛子は、関東大震災や第二次世界大戦という激動の時代に美容の意義を唱え、山野学苑の建学の精神でもある美道五大原則「髪・顔・装い・精神美・健康美」を提唱しました。

　美道五大原則は、「美しくあろうとする思いが、生きる喜びを生み出すもの」として、外見に関わる「髪・顔・装い」だけでなく、「精神」や「健康」という生きることそのもののあり方にまで言及しているところが重要だと私は思っております。

　人と人のつながりを大切にすることで社会を築いた私たち人間にとって、「美しく生きたい」と願うことは、大きな意味があることなのかもしれません。長寿社会になり得た背景には、医療や福祉が大きく関わっており、その発展が、人の健康や精神の豊かさに大きく寄与してきたことは明らかです。一方で、いつの世も人とのつながりに貢献してきたのが「美容」です。

　人は年を重ねるごとにがんや認知症といった病気や障がいなど、さまざまな生き方に関わる課題に直面します。そんなとき、医療や福祉に頼ることは大切ですが、生きる意欲に関わるのは、大切な人とのつながりです。美容は、その大切な人とのつながりをつくり、やがて大切なものに気づかせてくれる手段となります。山野学苑は20年以上、医療や福祉にケアとしての美容を取り入れることを勧めてきました。それが「美容福祉」「美齢学」です。

　今、その対象となる人たちは多様であり、ケアとしての美容に携わる美容家と同じ目的をもつ、医療や福祉といった分野の他職種との間にコンセンサスを得る必要性を感じ、本書を作成しました。そこで、本書には山野学苑だけでなく、青山学院大学ジェロントロジー研究所の平田普三先生をはじめとする多彩な研究者や、アピアランスケアの第一人者である野澤桂子先生など、学際性豊かな方々にご協力いただいております。

　本書を通して、ケアとしての美容をご理解いただくとともに、一人ひとりが、さまざまな場面で人とのつながりと生きる意味を感じられ、「美しく生きる」ことを大切にできる社会となることを望みたいと思います。

学校法人山野学苑理事長・学苑長
山野愛子ジェーン

目 次

はじめに

第 1 章　美齢学と美容福祉学 …001

第 1 節　超高齢社会とジェロントロジー …002
第 2 節　美齢学と美容福祉 …008

第 2 章　加齢に伴う変化と美容 …015

第 1 節　外見の生理的変化に対する美容 …016
》TOPICS 1　視覚障がいと化粧 …026
》TOPICS 2　難聴予防のための美容ケアの可能性 …028
第 2 節　心理的・社会的変化と環境の外見への影響 …029
》TOPICS 3　ジブリ映画に登場するおばあちゃんの役割 …038

第 3 章　健やかさを保つための美容ケア …041

第 1 節　ケアとしての美容 …042
第 2 節　ヘアケアとヘアスタイル …051
第 3 節　フェイシャルケアとメイク …061
》TOPICS 4　フェイシャルマッサージ効果の見える化 …070
第 4 節　装い …072
第 5 節　ハンドケアとフットケア …082
第 6 節　心身の健康に関わるケア …097

第 4 章　美容福祉の実践 …115

第 1 節　接客におけるリスクマネジメント …116
第 2 節　がんサバイバーと美容 …119

第 3 節	認知症の人と美容 ——132
》TOPICS 5	認知症になっても美容室を利用し続けるために ——138
第 4 節	車いす利用者と装い ——139
第 5 節	ベッド上の人と美容 ——152
第 6 節	精神障害者、知的障害者、発達障害者と美容 ——160
》TOPICS 6	美容室における発達障害者への対応 ——166
第 7 節	人生の最終段階と美容 ——167
》TOPICS 7	家族写真の撮影 ——175
》TOPICS 8	人生の最期のあり方 ——176

第 5 章　美容福祉実践における感染予防対策 ——179

第 1 節	新型コロナウイルス感染症予防対策とジェロントロジー ——180
第 2 節	新型コロナウイルス感染症と接触時の呼気可視化研究 ——183
第 3 節	接触を伴うケア時の感染予防対策と注意点 ——188

第 6 章　美容事業の地域社会における意義と展望 ——191

第 1 節	地域共生社会と美容福祉・美容事業の進め方と課題 ——192
》TOPICS 9	老人福祉法、介護保険法、障害者総合支援法の対象と訪問理美容の関係 ——194
第 2 節	SDGsと美容の継続 ——196
第 3 節	訪問理美容事業のこれから ——198
》TOPICS 10	美容の専門性とボランティア ——災害時ボランティアに求められるもの ——199

おわりに

編集・執筆者一覧

第 **1** 章

美齢学と
美容福祉学

第①節 超高齢社会とジェロントロジー

1 超高齢社会の現実

1 少子高齢化

少子高齢化という言葉は、おそらく誰もが一度は聞いたことがあるのではないでしょうか。少子高齢化とは文字どおり、人口に対して子どもの割合が低くなり、高齢者の割合が高くなることです。その実態はどうなっているのでしょうか。総務省統計局は、日本の社会や経済の情勢を把握するため、人口や家計、消費、労働に関するデータを収集し、公表しています。これを参考に、内閣府は『高齢社会白書』という年次報告書で、少子高齢化の推移と将来推計を公開しています。データに基づいて少子高齢化を見てみましょう。

1年間に生まれた子どもの数を**出生数**といいます。日本の出生数は、第2次ベビーブーム期の1973（昭和48）年の約209万人をピークに減少しており、2023（令和5）年は約73万人でした。2070（令和52）年には45万人になると推計されています（**図1-1**）。一方、1年間の**死亡数**は増え続けており、2023（令和5）年は約158万人でした。死亡数は2040（令和22）年まで増加し続け、高止まりすると推計されています。

日本では、2007（平成19）年以降、死亡数が出生数を上回る人口自然減の状態とな

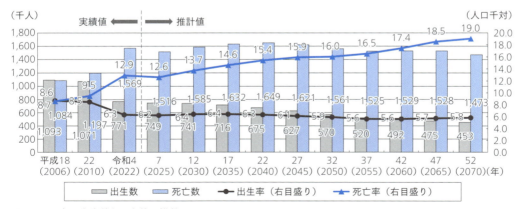

図1-1　日本の出生数と死亡数の推移
出典）内閣府「令和6年版高齢社会白書（全体版）」p.5

り、総人口は2008（平成20）年の1億2808万人をピークに年々減少しています。死亡数と出生数の差は今後も開き続ける見込みで、2023（令和5）年の日本の総人口は1億2435万人ですが、2070（令和52）年には8700万人になると推計されています（図1-2）。労働の中核的な担い手である15歳以上65歳未満の人を**生産年齢者**といいますが、その数は1995（平成7）年の8716万人（総人口の約70%）をピークに減少し、2070（令和52）年には4535万人（総人口の約52%）になる見込みです。

世界保健機関（WHO）は65歳以上の人を**高齢者**と定義しています。日本ではさらに、65歳以上75歳未満の人を**前期高齢者**、75歳以上の人を**後期高齢者**と区別しています。総人口に占める高齢者の割合を**高齢化率**といい、これは社会の高齢化の指標とされます。日本の高齢化率は1950（昭和25）年には5%未満でしたが、その後は増加の一途をたどっています。日本は1970（昭和45）年に高齢化率が7%を超える**高齢化社会**に、1994（平成6）年に14%を超える**高齢社会**に、そして2007（平成19）年に21%を超える**超高齢社会**になりました。高齢化率が28%を超えた社会を表す言葉は現在ありませんが、「超・超高齢社会」といえるかもしれません。だとすれば、日本は2018（平成30）年に超・超高齢社会に突入したことになります。2023（令和5）年時点で日本の高齢化率は過去最高の29.1%を記録しており、今後も上昇を続け、2070（令和52）年には38.7%になると推計されています。

高齢者1人に対して現役世代（生産年齢者）が何人で支えているかを考えると、1950

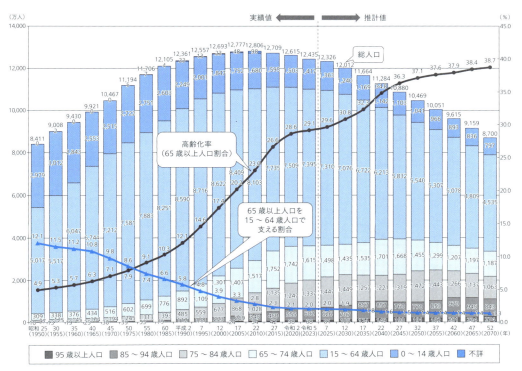

図1-2　日本の総人口と高齢化の推移
出典）内閣府「令和6年版高齢社会白書（全体版）」p.3

第1節　超高齢社会とジェロントロジー　　003

（昭和25）年は12.1人でしたが、2023（令和5）年には2.0人にまで減少しました。今後も減少が続き、2070（令和52）年には1.3人になると推計されています。

2　長寿化

<u>平均寿命</u>とは、病気や事故等による死も含め、何歳まで生きられるかの平均のことです。日本人の平均寿命は2022（令和4）年現在、男性81.05年、女性87.09年です。新型コロナウイルス感染症等の影響で一時的に下がっていますが、今後、男女ともに延び続け、2070（令和52）年には男性85.89年、女性91.94年になると推計されています（図1-3）。

日本人の長寿化は喜ばしいことであり、それは日本が平和で豊かな国であることを示しています。一方で、個人の長寿化は社会の高齢化を後押しすることにもつながります。人口や年齢のデータは、日本の少子高齢化のこれまでの推移と今後のさらなる進行を明確に示しています。

3　世界の高齢化

世界にも目を向けてみましょう。日本を含む多くの先進国では、人口減少が見込まれています。高齢化率も、日本に限らず多くの先進国で上昇の一途をたどっています（図1-4）。一方で、開発途上国には人口増加の著しい国も多くあります。世界人口は2024（令和6）年現在、約82億人ですが、2080（令和62）年には103億人でピークに達すると推計されています。しかし、高齢化はいずれ開発途上国にも広がる見込みで、多くの開発途上国は高齢化社会を経て高齢社会へ突入すると予測されています。つまり、高齢化は地球規模で進行するといえるでしょう。

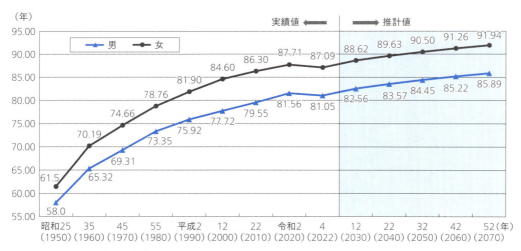

図1-3　日本の平均寿命の推移
出典）内閣府「令和6年版高齢社会白書（全体版）」p.6

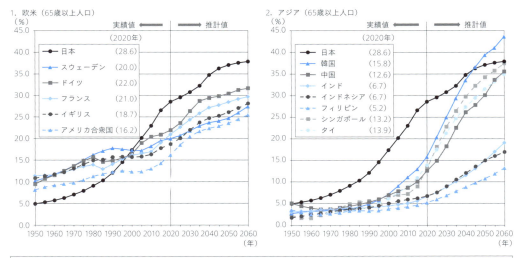

日本の高齢化率は、1980年代までは先進国の中でも下位にあったが、2005（平成17）年には上位になり、今後も高水準が続くと見込まれている。中国や韓国も深刻な高齢化問題を抱えている。

図 1-4　世界の65歳以上人口の割合及び推移
出典）内閣府「令和6年版高齢社会白書（全体版）」p.8

　世界のなかでも日本の高齢化は突出しており、すでに超高齢社会に突入した日本が、今後どのように持続的発展を遂げるか、世界は注目しています。超高齢社会と向き合い、さまざまな社会課題を解決するためには、「ジェロントロジー」が欠かせないと考えます。

2　ジェロントロジー

1　ジェロントロジーとは何か

　ロシアの微生物学者であるイリヤ・メチニコフ（Mechnikov, I. I.）（図1-5）は、体内に侵入してきた細菌を貪食して殺す細胞を発見し、1908年にノーベル生理学・医学賞を受賞しました。彼は人の老化にも関心をもち、腸内細菌と老化の関係を研究していました。メチニコフは、「老人」を意味するギリシア語の「geron」から派生した接頭辞「geront」と学問を意味する「-ology」を合体させた造語「Gerontology」を考案し、老化や長寿に関する自分の研究をジェロントロジーと定義しました。

　ジェロントロジーは、日本語では「老年学」あるいは「加齢学」と訳され、高齢者の身体的変化や健康を扱う医学の一分野として発展しました。近年、日本を含む世界の先進国で高齢者が増加するなか、ジェロントロジーの対象領域は健康や医療だけでなく、社会保障や地域社会の持続、世代間分断などにまで拡大するようになりました。従来の学問は、自然科学（物理学、化学、生物学、天文学など）、応用科学（医学、薬学、農学、工学、建築学、計算機科学など）、社会科学（法学、政治学、経済学、経営学、教育学

図1-5 **イリヤ・メチニコフ**（1845-1916）

1845年にハルキウ（旧ロシア、現ウクライナ）で生まれた。人の老化に関心をもち、腸内細菌が産生する物質によって老化が引き起こされるという仮説を提唱した。近年の研究から、腸内細菌はさまざまなメカニズムで健康に寄与することがわかり、数ある老化の原因の1つとして、腸内細菌の寄与は否定されていない。

など）、人文科学（文学、心理学、哲学、宗教学、歴史学、地理学、芸術など）と分類され、独立して発展してきました。しかし、高齢者の増加はいずれの学問分野にも関係することとなり、高齢者に関わる諸課題と対峙（たいじ）するには、複数の学問分野を融合させた学際的なアプローチが必要です。今ではジェロントロジーは、人生100年時代の到来を見据え、人・社会・環境を持続的に発展させるための総合学問として認識されています。

2　なぜ今ジェロントロジーが重要なのか

本節で紹介した日本の総人口減少と長寿化、加速する高齢化は、外れるかもしれない将来予測ではなく、統計誤差はあるとしても、確実に到来する未来像です。医療や介護、年金などにかかる社会保障費が増大し、産業・経済・文化の活力が低下するという予想もありますが、果たして日本の未来は、閉塞感に満ちた暗いものになるのでしょうか。いえ、そんなはずはないし、そんなことは絶対にあってはなりません。

医学の進歩により健康で長寿な高齢者が増えていくからこそ、高齢者の知恵や技術、労働力を新たな社会資源とみなし、高齢者の貯蓄や不動産は新たな経済市場と捉えることができます。

この考え方に基づき、若者と高齢者がお互いを支え合う社会システムを構築できれば、日本は持続的発展を遂げることができるでしょう。明るい超・超高齢社会の実現は、国や行政に任せるものではなく、私たち一人ひとりが向き合う課題であり、そのためにジェロントロジーという観点からの学びが必要となるのです。

3　ジェロントロジーとしての美容福祉

理美容は、子どもから老人まで誰もが利用するサービス業であり、地域に根差した社会インフラでもあります。高齢者が増加し、多様性を認め合う社会通念が拡大するなか、理美容を通して高齢者や障がいがある人々の人生を豊かにする美容福祉に注目が集まっています。美容福祉に関わる本書の読者である皆様には、個々の知識や技術

を融合させて、美容福祉を実学として実践すると同時に、応用科学と社会科学をまたぐジェロントロジーの一領域としても美容福祉を捉え、さらにジェロントロジーを通してつながる理美容以外の領域との連携を発見してもらいたいのです。それは、美容福祉を足場とした産業イノベーションや新しい社会基盤の構築をもたらすことでしょう。本書の読者である皆様には美容福祉を学ぶにあたり、ジェロントロジーという視点を意識してほしいのです。そうすれば、美容福祉に無限の可能性を見出すことができます。

第 2 節　美齢学と美容福祉

1　美齢学・美容福祉で扱う用語の整理

　章を進める前に、美齢学・美容福祉で扱う美容に関する用語を整理しておきます。美齢学・美容福祉で扱っている美容は「ケアとしての美容」を指し、内容により「アピアランスケア」や「化粧療法」という呼び方もしています。また、それらの呼び方で扱っている内容も以下にまとめました（**表1-1**）。

　細かい内容については以下の表をご覧ください。

表 1-1　主なケアとしての美容の種類

美容（アピアランスケア／化粧療法など）	・ヘアケア（頭皮マッサージ*、シャンプー、ヘアカット、ヘアカラーなど） ・フェイシャルケア（スキンケア、マッサージ*）、メイク ・ハンドケア（ハンドマッサージ*、ネイルケア、ネイルカラーなど） ・フットケア（フットマッサージ*、足爪ケアなど） ・装い　　　　　　　　　　　　　　　　　　　　　　　　　　　　　　など
美容事業	理・美容室（サロン）、訪問理美容、エステティックサロン、ネイルサロン、その他ファッション関係事業
美容家	理・美容師、エステティシャン、ネイリスト、着付け師など

※理・美容を合わせて「美容室」、美容関係職をまとめて「美容家」と表現している場合もある。
*「マッサージ」という表現は、施術者や施術する場所によって制限があり、特に美容家が行う場合は、「トリートメント」や「ケア」と表現する。しかし、一般的にイメージがしにくいため、本書ではあえて「マッサージ」と表現している。

　上記の表に整理しましたが、美容は外見を整えることに関するので、その先には人に会うことや外出など、他の人に見られることを想定している場合が多いでしょう。そして、スキンケアやメイク、ヘアケアやネイルケアなどは自分自身で行っている（セルフケア）という人も多いことと思います。しかし、そのような人でも、特別な日に合わせて、美容室などを利用するときもあります。

　本書における「美容福祉」とは、「セルフケア自体が困難な人も対象に、特別なケアとしての美容の提供をすること」を指しています。また、「美齢学」における「ケアとしての美容」とは、「セルフケアが可能であっても行う、特別なケアとしての美容」を指しています。

2 美容福祉を進めた社会背景

1 「介護の社会化」への転換

　高齢化率が17.4％となった2000（平成12）年に、介護保険法が施行されました。これにより、日本の高齢者介護に対する国民の意識は、「家族介護」から「介護の社会化」へと転換していきました。そしてそれは、家族介護がすでに限界に達し、高齢化率の上昇によって、今後ますます深刻になるであろう社会課題を懸念していた国民にとって、希望の光となりました。

　それまでの日本の介護は、すでに高齢社会を迎えていた北欧に比べて20年程度遅れているといわれ、「寝たきり高齢者」や「介護疲れによる犯罪・自殺」という問題が起きていました。

2 デンマークにおける高齢者介護

　大熊によれば、「寝たきり高齢者」という言葉は、1985年の北欧にはなかったといいます。特にその頃のデンマークでは、日本では「寝たきり高齢者」とされる状態であっても、朝は起き、似合う服に着替え、アクセサリーやマニキュアまでしていたといいます。また、日本では長く「施設カット」と呼ばれていたザンギリ頭でしたが、その頃の北欧の高齢者はおしゃれなヘアスタイルで、外出や余暇を楽しんでいました。そして、こうした高齢者介護を、家族ではなく介護の専門職が行っていました。

　つまり、日本の「寝たきり高齢者」というのは「寝かせきりにされた高齢者」にすぎなかったのです。介護の専門職がいるはずの高齢者施設に入所、入院していても、寝かせきりになっているということがほとんどでした。日本における高齢者介護では、ベッド上に寝ている人のお世話をするという発想が長く続いていたのです。1950年代のように平均寿命が60歳程度であれば何とか対応できていたかもしれませんが、1980年代には平均寿命は80歳に近づいていたため、日本の高齢者介護に対する考え方を変える必要がありました。

　大熊は、デンマークの公共政策を「老いて美しく輝くためのシステム」と呼びました。要介護の高齢者もおしゃれをし、笑顔であること、そして尊厳を大切にすることを今後の日本の介

護に望んだのです。そのような日本で、2000（平成12）年に介護保険法が施行されたことは前述のとおりですが、そこから介護はプロに任せることや高齢者施設では「寝かせきりにしない」ことが公共政策の方針となりました。

3 おしゃれ、笑顔、尊厳を取り戻すために

このような社会背景を受けて、山野学苑は1999（平成11）年から**美容福祉**という人材育成教育の研究と実践をスタートしました。対象は高齢者だけでなく、障がい者や介護をする家族も含めた、「おしゃれ、笑顔、尊厳」を取り戻してほしいすべての人でした。

ところが、介護保険法施行後も、美容福祉が医療や福祉の現場に受け入れられるまでに20年以上かかりました。そして残念なことに、いまだに医療や福祉の現場には、「美容福祉師」という美容と福祉の専門家の職域はありません。しかし、美容の専門家としての「福祉美容師」という職種は、少しずつではありますが知られるようになっており、今後はその専門性を深めていくことが重要となっています。

3　今なぜ美齢学なのか

前述した「美容福祉」の記述では、特に要介護高齢者の支援について触れました。しかし一方で、平均余命（ある年齢の人々があと何年生きられるかという期待値）の延伸に伴い、高齢者が身体的に10歳前後若返っていることが、日本老年学会・老年医学会によって明らかにされました。また**図1-6**のように、60歳以上の世帯主の貯蓄の現在高平均は2000万円を超えています。それならば、高齢者の生産世代としての活躍や

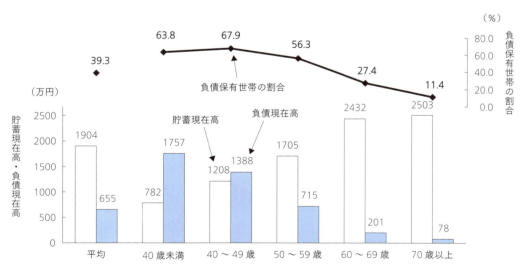

図1-6　世帯主の年齢階級別貯蓄・負債現在高、負債保有世帯の割合（二人以上の世帯）
出典）総務省「家計調査報告（貯蓄・負債編）――2023年（令和5年）平均結果」2023年

消費者としての社会経済への還元も考える必要がありそうです。

　秋山は、全国高齢者20年の追跡調査により、男女合わせて8割の人たちは自立度が70代半ばから徐々に低下していることを示しました。そして、秋山ら東京大学のジェロントロジー研究拠点である東京大学高齢社会総合研究機構では、自立度低下の時期を引き延ばすための取り組みとともに、たとえ介護が必要になっても人とのつながりのなかで安心して生活できる長寿社会のまちづくりを進めています。

　そこで山野学苑では、要介護高齢者の尊厳を保つための「美容福祉」だけではなく、今の元気な高齢者が明るく豊かに生活し続けられる地域づくりも含めた、美齢学によるケアとしての美容を2014（平成26）年から開始しました。この「美齢学」は、今までの美容福祉にジェロントロジーの視点を加えた学問で、要介護高齢者だけではなく、徐々に自立度が低下していく8割の高齢者に対する3つの視点を加えました。

　1つ目は、穏やかな死に向かうまでの人としての尊厳を保つための視点です。長い老年期をよりよく生きるためには、人生の最終段階をどう締めくくるかが重要であり、医療や介護に対しても生活の質をどう守るかが問われます。そのため、一人ひとりのライフスタイルに合わせた、医療や福祉と連携したケアとしての美容の視点を加えました。

　2つ目は、生活を楽しむことで自立度を維持するという視点です。年を重ねても、おしゃれをして地域生活を楽しめることを目的とした、ケアとしての美容の提供と同時に、出かける場や社会交流が楽しめるような地域のさまざまな職種や機関との連携が必要です。

　3つ目は、質の高い美容の専門性に関わる視点です。年を重ねるごとに増えてくる、がんや認知症などの健康面の問題や社会的な課題に対して、一人ひとりの困りごとに寄り添い、必要な美容の支援かつその人の魅力を引き出す美容の選択肢が示せる知識やスキルが必要になります。

　この3つの視点を理解し、それが社会に必要な領域として認識されると同時に、継続できる収益性のある事業として、価値を高めていく必要があります。こうした「美しく生きること」を支える、質の高いケアとしての美容を理解するために「美齢学」があり、これを具体的なケアとして美容にしたものを「美齢ケア」と呼びます。

4　美容福祉・美齢学の課題とは

1　美容福祉の課題

　美容福祉も美齢学も基本的には、超高齢社会にある一人ひとりがさまざまな困難にどのような態度で臨むかを重要な課題と考えています。特に、年齢を重ねてもおしゃれでいようという気持ちは、自分のためばかりではなく、周囲の人を明るい気持ちにしてくれることでもあります。

ところで、おしゃれは自分でするものだと思っている人であっても、地域の美容室やネイルサロンといった美容家にケアをお願いすることはあるでしょう。自分で行う人も化粧品やヘアケア用品、洋服などを購入するわけですが、美容家に依頼するということは、その美容家の提供するサービスを購入することになります。そしてそれは、社会経済に貢献し、サービスの質を向上させることにもつながります。つまり、自身のおしゃれは社会につながっているのです。

　美容福祉の実践は、要介護状態の高齢者などのケアの1つとして始まったため、できるだけ低料金もしくは無償のボランティアとして進められました。そのため、介護現場に進んだ美容福祉実践者（つまり介護職）にとって、日常の業務内容に入らない美容サービスは、提供する余力がなくなってしまえば継続できないものとなりました。そして、美容の現場に進んだ美容福祉実践者（つまり美容師）も、病院や福祉施設で美容を提供する際には、収益性はあまり考えられずに進められました。そういったサービスのあり方は、むしろ美容福祉の発展を阻害する一因にもなりました。

　その一方で、1990年代になって徐々に、医療や福祉にケアとして美容を取り入れることの効果を検証する、さまざまな研究が進められるようになりました。社会貢献を考える美容関連企業と医療や福祉が連携して、特に化粧が要介護高齢者の日常生活動作（ADL）の維持・向上やうつ傾向を抑制する効果があったことなどが報告されるようになりました。また、山野学苑でも、美容福祉の効果を周知するために、社会福祉施設などで美容のイベントを積極的に進めました。こうして20年以上かけて、ケアとしての美容の意義は理解されるようになりました。

2　美齢学の課題と進め方

　しかし、前述したように収益事業としての発展は不十分なままとなっています。そこで、「8割の高齢者にケアとしての美容を高付加価値で提供すること」が超高齢社会の重要な課題の1つとなりました。美容福祉は、もともと社会課題解決のための社会実装の形で進められてきましたが、より広い領域の学際的な視点と、具体的なケアとしての美容という社会還元の形を考えるため、ジェロントロジー研究の拠点を「美齢学」としました。つまり、美容福祉も美齢学も目指すところは、長寿社会を生きる一人ひとりの人が美しく生きたいと願うことができ、それを支える人たちがその専門性を発揮できるしくみにしていくことだと考えます。実は、この考えは、20年以上前の介護保険法の施行とともに目指されてきた社会のあり方だったはずですが、いま再び考えるべき課題となっています。むしろ20年以上の実証により、考えるべき課題が明らかになったといえるのかもしれません。

　これまで私たちは、ケアとしての美容を、美容室に行けない人の身だしなみや整容として提供することを中心に考えていました。しかし、**図1-7**に示したシンデレラの物語のように、単に外見を美しくすればいいというわけではなく、その先にときめく交流があり、出かけるための移動手段や活動する力との組み合わせにこそ意味がある

図 1-7　美容×○○による相乗効果

　と考えるようになりました。つまり、美しく生きるためには、その人自身がわくわくと心を躍らせ、ときめく体験をすることが大切であると考えたのです。
　そのためには、美容や医療、福祉、ヘルスケアなどといった今まで個別に進められていたものを、その人がときめきを感じられる「場と体験」があることを目指し、「美容×医療」「美容×福祉」などというように、連携して進めていくことが求められます。
　たとえば、リハビリに意欲的になれなかった高齢者が、いつもより少しおしゃれをしたのを他の人にほめられ、リハビリに意欲的に取り組むようになったという話を聞いたことがあります（この場合は、「美容×リハビリ」といえます）。もし、そこにその人がときめきを感じられる場や体験などの目的が加われば、その意欲はもっと継続するのではないでしょうか。せっかくおしゃれをしても、その後は部屋で寝ているだけでは、その人の意欲は徐々に低下していってしまいます。実際にそういう場面をたくさん見てきました。
　これからは、「美容×○○」の視点も踏まえながら、その人の心がときめくプログラムに向かって、多職種・多機関が連携して進んでいくことが期待されます。

参考文献

（第2節）
- 大熊由紀子「老いても美しく輝くために」『日本公共政策学会年報』1998年
- 荒井秀典「高齢者の定義について」『日本老年医学会雑誌』第56巻第1号、2019年
- 秋山弘子「高齢化する社会」プラチナ構想委員会『プラチナ構想ハンドブック──「高齢化」のパワーで世界を変えろ！』日経BP社、2012年（https://www.platinum-handbook.jp/contents/5/（2024年10月15日現在））
- 速水満子「化粧をすれば生活の自立が活性化する──鳴門山上病院の試み」『月刊総合ケア』第4巻第11号、1994年
- 池山和幸ら「認知症予防としての化粧行為」『第3回日本認知症予防学会抄録集』2013年
- 大杉紘徳・村田伸・村田潤・古後晴基・曽我部恵子・大山美智江・谷都美子「要介護高齢女性に対する化粧による介入効果の検討──身体・認知・精神機能の視点から」『第16回日本早期認知症学会抄録集』2015年

第 **2** 章

加齢に伴う
変化と美容

第 1 節　外見の生理的変化に対する美容

1　ヒトの老化の特徴

　図2-1を見ると、「ヒト」と「ヒト以外」の生物とでは、生殖期以降（老年期）の長さが異なっています。これはなぜでしょうか。

　理由の1つに、子育て期間が長いことが挙げられます。生殖期以降は、子どもが独り立ちするまでの子育て期間にあてられます。成人を迎えるまで親子で暮らすとすれば、後生殖期が長くなるのも理解できます。もう1つの理由としては、環境衛生と医療の進歩が挙げられます。医療の進歩によりヒトの平均寿命がどんどん延びた結果、生殖期を終えた後も長く生きられるようになってきました。

　こうした理由から後生殖期が長くなったときに、若々しく健康に暮らしたいという欲求が芽生えるのは生物としての本能といえます。これは、他の生殖期にある生物と同様の欲求とも考えられます。この欲求が、美容を発展させたともいえるでしょう。しかし、老年期の長いヒトにとって、老年期の意義や価値を含めた美しさがあるとも私たちは考えています。

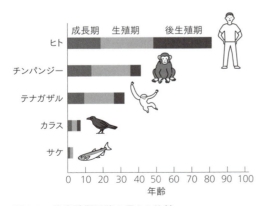

図 2-1　後生殖期以降の長さの比較
出典）戸川達男「人間についての謎（第2回）」『情報・システムソサイエティ誌』第16巻第1号、P.20、2011年
copyright©2011　IEICE

鳥を例に挙げると、生殖期のオスは、メスに自分を選んでもらうために、他のオスよりも自分をきれいに見せようとする。

2 皮膚の老化と美容

「裸のサル」といわれるヒトの外見に関わる大きな要素は、皮膚です。皮膚には、紫外線やさまざまな外的因子から身を守る重要なバリア機能があります。これこそ進化の結果手に入れた、ヒト特有の臓器といえます。

ある研究者は、「ヒトは容姿を気にするが、そのほとんどは皮膚によって生み出されている」として、「皮膚医学はいままで病的な状態の皮膚を健常な状態に戻すことには熱心だが、『美しい肌』に高めようという発想が希薄」と述べ、そのため「スキンケアに関しては美容医学や化粧品メーカーのほうが」進んでいるとしています。しかし一方で、「現時点での美容技術や治療薬の多くは対症療法的で、皮膚の老化を巻き戻すような治療法は存在しないのが現実」とし、施術内容や効果というメリットだけでなく、副作用や合併症などのデメリットも理解することを勧めています[1]。

1　皮膚のはたらき

皮膚は、図2-2のように表皮、真皮、皮下組織の3層からなっています。

表皮は、外から身を守る最前線にあります。わずか0.2mm程度の厚さですが、その中で4つの層に分かれており、細胞が剥がれ落ちるまで、常に入れ替わる準備をしています。一番外側の角質層は死んだ細胞ですが、剥がれ落ちるまで肌にとどまるため、どんどん厚く固くなっていきます。そのため、有害物質の侵入を阻止するはたらきがあります。また、表皮には免疫細胞（ランゲルハンス細胞）、神経細胞（メルケル細胞）、色素細胞（メラニン細胞）があり、表皮のバリア機能を高めています。

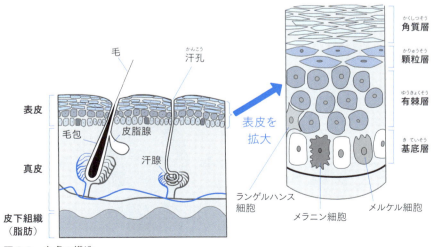

図2-2　皮膚の構造

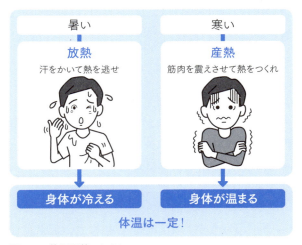

図2-3 体温調節のしくみ

真皮は、コラーゲンやエラスチンなどの線維性の結合組織でできていて、皮膚の強さや弾力性をつくり出しています。また、これらの線維の間にあるヒアルロン酸などの間質成分が、皮膚の水分保持を担っています。さらに、血管やリンパ管、神経細胞が密にあり、皮膚の健やかさに貢献しています。

皮下組織は、脂肪細胞からなり、外からの衝撃を緩和する機能や保温機能を担っています。

そのほか、毛と毛包、皮脂腺、汗腺があります。毛は防護機能に関わっています。毛包には色素幹細胞が存在し、皮膚の色に関係していることが近年明らかにされています。

皮脂腺は毛穴に沿って存在し、皮脂を分泌しています。皮脂は汗などの水分と混じり表皮脂肪酸となって、有毒物質の侵入や細菌・ウイルスなどから身を守っています。

汗腺は汗をかく器官です。体温が上がったときに汗腺から汗を出すことで、体温を調節しています（図2-3）。この体温調節に関わっているのはエクリン汗腺です。脇の下や陰部などにあるアポクリン汗腺は、哺乳類の芳香腺に相当し、フェロモン作用があるといわれています。

2　加齢に伴う皮膚の変化

「皮膚の老化」と聞いてイメージするのは、図2-4のような顔のしわやたるみ、シミなどではないでしょうか。すべての生物は、生まれた瞬間から細胞や組織、器官の老化が進んでいきます。ヒトはゆっくりと老化が進むため、環境の影響も受けます。そのため、変化には個人差があります。

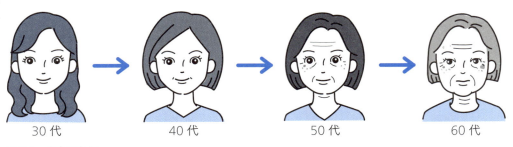

図2-4　皮膚の老化

たとえば、深いしわは、老化による真皮の線維細胞の減少や劣化が原因ですが、紫外線による影響も大きく受けます。これを 光老化 と呼びます。また、皮膚の乾燥により皮膚の水分量が減少することも、細かいしわの原因となります。

たるみは、表情筋や真皮の線維細胞の衰えが関係しています。特に表情筋は、約20種類の小さな筋肉で構成されていて、骨についている骨格筋とは異なり皮膚に張り付いているため、顔の皮膚を動かす頻度の違いにも影響を受けます。

シミは、紫外線から身を守る色素細胞（メラノサイト）からつくられるメラニンの蓄積で起こります。紫外線は細胞の遺伝子を傷つけたり皮膚の組織を破壊したりするので、メラニンをつくってそれを防いでいます。メラニンが過剰に生成されると、皮膚のターンオーバーによって自然に排除されるのですが、その処理には限界があるため、限界を超えて取り残されたメラニンが蓄積し、シミやくすみを引き起こすのです。

3　スキンケアのメリットとデメリット

スキンケアは、皮膚の正常なバリア機能を維持することを目的に行います。したがって、①皮膚を清潔に保つこと、②適切な保湿ケアをすること、③適切な紫外線予防をすることがポイントです。そのためには、洗顔や保湿、皮膚のマッサージ、適切な効果のある化粧品の選択が必要となります。

たとえば、①のために洗顔が適切になされれば、皮膚の表面に皮脂と汗などでできた皮脂膜ができ、肌のうるおいが保たれます。また、皮膚の常在菌がバランスをとることで細菌の繁殖を予防し、皮脂の過剰な状態を緩和したり、皮膚の汚れを洗浄するなど、多くのメリットがあります。しかし、皮膚を過剰に洗うと、皮膚が傷つくうえに、洗浄後繰り返し乾燥させるため、バリア機能が低下するというデメリットもあります。

また、②を行う場合は、環境や個人的な要因によって方法が異なります。湿度が高い時期と低い時期、脂性肌か乾燥肌かで保湿の仕方を変える必要があり、スキンケア方法を間違えれば、むしろバリア機能が低下するというデメリットとなります。

さらに、③によって、しわ、シミや肌のくすみを予防することができますが、過度な紫外線予防はかえってビタミンDを不足させてしまいます。ビタミンDは骨量の維持に欠かせないものであり、その量が十分でないと骨がもろくなり、骨粗しょう症を引き起こすこともあります。そのため、全く紫外線に当たらないことは特に老年期においてはデメリットとなります。

また、美容技術や化粧品は高額だったり、まれに副作用のリスクもあったりするので、メリットとデメリットを十分考えたうえで適切な選択をすることが必要です（**表2-1**）。

第1節　外見の生理的変化に対する美容　　**019**

表 2-1　スキンケアのポイントとメリット・デメリット

ポイント	メリット	デメリット
①皮膚を清潔に保つ	・肌のうるおいを保つ ・細菌の繁殖を予防する	・皮膚が傷つく ・皮膚のバリア機能が低下する
②適切な保湿ケアをする	・しわを予防する	・皮膚のバリア機能が低下する
③適切な紫外線予防をする	・しわを予防する ・シミやくすみを予防する	・骨粗しょう症につながりやすい

3 感覚器官の老化と美容

1　感覚器官のはたらきと加齢に伴う変化

　私たちは、意識しなくても周囲の物音やにおい、光景などといった外部からの多様な情報を取り込む知覚機能をもっています。見たり、聞いたり、においを感じたり、食べ物を味わったり、物に触れたりするための器官を感覚器官といいます。

　感覚器官には、目、耳、鼻、舌、皮膚があります。そしてこの器官が感じる視覚、聴覚、嗅覚、味覚、触覚の5つを五感といいます。これらの感覚は脳に伝えられ、喜びや満足感といった感情につながります。

　本節では、この五感のうち、触覚以外の視覚、聴覚、嗅覚、味覚といった4つの感覚のしくみについて見ていきたいと思います。これらの感覚を知り意識することで、美容をより効果的に楽しむことができます。

　ただし、これらの感覚は、感覚器官の加齢とさまざまな経験により変化します。そのことも理解しておくと、より注意深く配慮できるようになるはずです。

2　眼の老化と美容

①眼と視覚のしくみ

　眼は、カメラのような構造とはたらきをしています（図2-5）。瞳の黒目の部分は虹彩といい、カメラの絞りのようなはたらきをしています。また、透明の水晶体はレンズのはたらきをしており、見ているものの色や形態を光として捉え、カメラではフィルムにあたる網膜にそれを映し出します。そのフィルムが視神経を通って脳に伝えられることで、それが何かを判断しています。そして、脳のはたらきによって、見たものが好きか嫌いか、良いか悪いか、美しいかそうでないかなどと感じています。

　なお、ヒトの顔の動きを認識する能力は赤ちゃんの頃から発達し、成長とともにそれまでの経験を通して相手の表情から感情を読み取ることもできるようになります。視覚は他の感覚とも関連していて、見たものによって音や香り、味わいさえも変わり

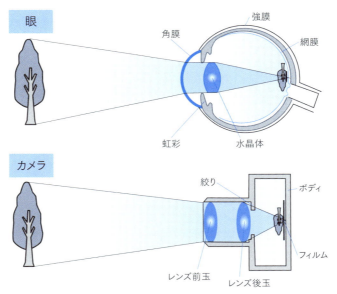

図 2-5　眼のしくみとはたらき

ます。たとえば、ジュースの色を変えると味の濃さや風味まで変わったように感じてしまうという実験結果もあります。極端な言い方をすれば、洋服の色でその人がどのような人かを判断してしまうほど、脳は色に思考を操られやすい、と理解しておくことが美容を考えるうえでは特に重要です。

②老化と美容

　眼の老化で特に多いのが、水晶体の調節障がいによって起こる**老眼**（老視）です。特に、手元の小さな文字などが見えにくくなるのが特徴です。また、高齢者の多くが発症する**白内障**は、水晶体が白く濁ることで、視界に霧がかかったように見えます。そのため、人の細やかな表情が見えにくくなるだけでなく、目の前の人が誰なのかを識別することも困難になり、人間関係に影響することもあります。

　洋服の色や柄、メイクやネイルカラーを楽しみたいときも、こういった視覚機能の変化が影響することがあります。視覚障がいのある人が、洋服の組み合わせに悩んでいる、化粧やネイルカラーの選び方で家族や人との関係に影響する、ということもあるため、丁寧に対応することが重要です。

　なお、眼のマイボーム腺（図2-6）から出る脂分は、眼球の表面をうるおわせ、涙が乾かないように眼を守っています。ところが、アイメイクによってこの部分を塞いでしまうことがあります。加齢とともに脂の分泌は減少するため、高齢者のアイメイクにはより注意が必要です。

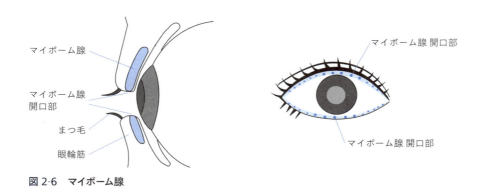

図 2-6 マイボーム腺

3 耳の老化と美容

①耳と聴覚のしくみ

耳は、外耳、中耳、内耳に分けられます（図2-7）。外耳から伝えられた音（空気の振動）が中耳で増幅され、内耳にある蝸牛から聴神経を通って脳に伝えられます。

私たちヒトは20〜2万Hzの音を聞くことができますが、他の動物には聞こえていても、ヒトには聞こえない音というのも溢れています。また、音の聞こえ方には心理的要因も影響し、静かな部屋では些細な物音が気になるものの、音楽が流れている部屋ではその物音が気にならなくなるといったことがあります。逆に、騒がしい場所であっても、自分の名前や興味・関心があることは自然と耳に入ってくるという現象（カクテルパーティー効果）もあり、リラックス空間を設定するうえで配慮が必要です。

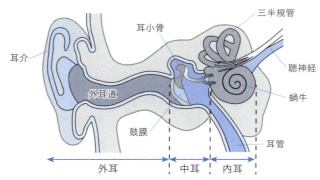

図 2-7 耳の構造

さらに、音のなかでも、母親の声と音楽はおなかの中にいたときから聞いていたといった研究もあります。生後4か月の頃には、すでに音楽に対して情動反応を示すようになるといいます。私たちは人の声に込められた感情を認識するように音楽も認識できます。話しかけることとともに音楽などの音に関する配慮も大切です。

②老化と美容

長い間大きな音を聞き続けるような環境にいると、高い音が聞こえにくくなってきます。これは、蝸牛にある高い音に反応する聴細胞が傷つくためです。一度傷つくと元には戻らないため、加齢とともに聞こえづらさは増していきます。高齢者がテレビの音量を大きくしがちなのは、そのためです。高齢者は高い音が聞こえづらいため、聞き間違いも多くなっていきます。高齢者に話しかけるときは、はっきりした落ち着

いた声で、ゆっくりと丁寧に話すようにしましょう。

　音楽や川のせせらぎのような心地よさを感じる音やリズムは、ストレスの低減による美肌効果もあるといわれています。前述のカクテルパーティー効果などにも配慮しながら、施術中のリラックス効果を高めましょう。

4　鼻の老化と美容

①鼻と嗅覚のしくみ

　におい物質は、鼻から入った後、鼻腔の天井部分にある嗅上皮の粘膜にくっつきます。嗅上皮を構成する細胞の1つには、においセンサー（嗅覚受容体）があり、これがにおい物質をキャッチすると、嗅神経を通じて嗅上皮の上にある嗅球から脳に伝えられます（図2-8を参照）。そして、脳で過去のにおい情報や感情などとつなぎ合わせて、快・不快やにおいの種類などを判断します。そのため、過去のにおい情報と感情がどのように結びついているかによって、同じ香りであってもよい香りと感じる人と嫌なにおいと感じる人がいます。たとえば、リラックス効果があるといわれるラベンダーは、アロマオイルとして活用されていますが、昔のトイレの香りのようだと嫌がる人もいます。

　ヒトは知らず知らずのうちに、においに動かされています。これには遺伝的な要因も関与しているといわれます。香水や石鹸、シャンプーなどの影響もありますが、体臭には、その人の遺伝的要素や食生活などの情報まで含まれており、それを感じ取ることで、相手を好ましく感じるかどうかにつながってくることも研究されています。

②老化と美容

　嗅覚も加齢に伴い機能が低下します。においを感じ取る脳の嗅覚野が、記憶をつかさどる海馬に近いことから、嗅覚は認知症などの病気との関係が深いといわれています。そのため、高齢者の嗅覚の低下と認知機能の低下には関わりがあるとされ、認知機能の改善

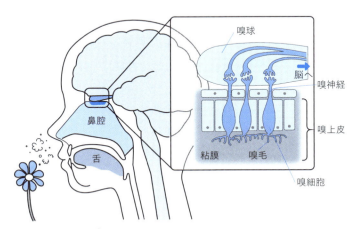

図2-8　においを感じるしくみ

に香りを使った回想療法やアロマセラピーが積極的に活用されています。ただし、香りは化学物質であり、過敏症の人がいたり、それまでの経験などの影響を受けたりするなど、好みに個人差があることに注意が必要です。

5　口腔の老化と美容

①口と味覚のしくみ

　口の中にある味を感じられるセンサーは、味蕾（みらい）と呼ばれています。この味蕾のおかげで、私たちは甘味・塩味・酸味・苦味・うま味を感じることができます。味蕾は舌に約5000個、口腔粘膜に約2500個あります。

　味覚は身体を守るセンサーです。甘いものや塩辛いものが無性に食べたくなるのは、無意識にそこに含まれている栄養素を身体が欲しているからとも考えられます。反対に、まずいと感じる苦味や酸味は、毒物や腐敗物など、身体にとって有害である危険性があります。安全な食べ物がどういうものかを学習することで、おいしいと感じるようになることもあります。

　口の使い方は、人の顔や姿勢のほか、歩く姿勢にも影響するといわれています。咀嚼（しゃく）に偏りがあると顔の変形につながり、かみ合わせが悪いと脊椎が変形し、姿勢にも影響します。また、歯がかみしめられないと力が入りにくく、歩行状態に影響を及ぼします。大きな力を使うアスリートの歯がダメージを受けやすいのもそのためです。

②老化と美容

　口腔機能の低下は全身の機能にも大きな影響を及ぼすため、特に高齢者の**オーラルフレイル**（オーラル：口腔、フレイル：虚弱、衰え）については国内外で研究されています。日本でも、外出頻度が減少している人は、そうでない人に比べて口腔機能が低下している割合が高いなど、口腔機能が社会性にも関与していることが示されました。

　たとえば、ヒトの唾液には、食べ物を飲み込みやすくするほか、消化作用や殺菌作用などのはたらきがあります。しかし、老化とともに唾液の分泌量が減ると、口腔内が乾燥して口臭が発生しやすくなります。口臭が原因で人と話すことが減ったというケースもあるように、口腔機能の低下は人との関係に直結します。また、飲み込む機能が低下するとしゃべる機能も低下することになるので、人と話すことが難しくなってきます。

　美容福祉の知識があれば、フェイシャルマッサージのような美容のケアに、唾液腺マッサージ（**図2-9**）や口腔体操などを含めた、高齢者向けのフェイシャルケアとして進めることもでき、美容からの新たなアプローチの仕方にもなっています。

マッサージで唾液腺を刺激する

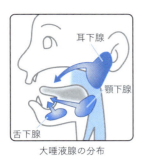

大唾液腺の分布　　耳下腺マッサージ　　顎下腺マッサージ　　舌下腺マッサージ

図 2-9　唾液腺の位置と唾液腺マッサージ

第 1 節　外見の生理的変化に対する美容

≫TOPICS 1

視覚障がいと化粧

　視覚障がいとは、視覚機能が低下して学習や生活に支障がある状態をいいます。見え方の違いにより、全盲、弱視、ロービジョンなどに分類されます。「全盲」は、医学的には光も感じない状態をいい、視覚以外の感覚を使って生活する必要があります。「弱視」は、主に子どものときに視力が正常に発達できない状態を示す言葉として使われますが、治療や対策によって視力が上がることが期待できるものです。視覚障がい者の多くを占めるのが「ロービジョン」といわれる、視覚情報をある程度得られる状態の人です。ロービジョンの人の見え方は個人差が大きいため、支援の方法も変わってきます。眼を酷使した仕事や生活を送ることの多い現代社会において、人生の半ばで視覚に不自由を感じる人が増加することも考えられます。

　視覚障がい者の生活の質（QOL）の向上を目指す支援をロービジョンケアといいますが、化粧の支援もその1つです。今まで当たり前のように化粧をしていた人が、何らかの原因によって視力が低下し、今までどおりの化粧ができなくなると、外出したり人に会ったりすることが嫌になり、引きこもってしまうケースがあります。

　また、化粧を試みたときに、他の人から口紅のはみ出しや色のムラを指摘されて自信を失い外出ができなくなった、健常の友人たちとの間で化粧の話題に交われず寂しい思いをした、などというケースがあり、化粧をあきらめない支援が必要となります。

　鏡を見ずに自力でフルメイクをする技法を**ブラインドメイク**※といいます。視覚障がい者がブラインドメイクを習得することで、「顔を上げて人と話せるようになった」「周囲からの声かけが増えた」「恋をしたくなった」「新たなことにチャレンジしたくなった」など、前向きな精神的変化が表れます。また、「してもらう」のではなく「自分でできる」ということが生活の自立や自信につながっていきます。このように、見えないことで化粧をあきらめていた人も、自分で化粧をすることができるようになることで自己肯定感を高め、自信をもって社会参加しています。

　また、視覚障がい者のみならず、加齢による視力低下など、見えにくくなっていろいろなことをあきらめてしまう人の社会参加・社会復帰の後押しとしても、ブラインドメイクの存在は有意義です。中途視覚障がいを負うことで自由に外出できなくなり引きこもっていた人が、ブラインドメイクを習得することで自己肯定感が向上し、おしゃれや身だしなみのために化粧品店に出かけたくなり、化粧をした自分に自信をもって誰かと会いたくなり、その結果、社会参加につながる

という流れに転じることが考えられます。

※ブラインドメイク…公益社団法人国際化粧療法協会の大石華法会長が考案した、手を左右対称に同時に動かすことで鏡を見ずに自力でフルメイクをする技法。個々の視覚障がい者に合わせて、化粧訓練士（一般社団法人日本ケアメイク協会が認定）がブラインドメイクを指導する。化粧訓練士は化粧の指導だけでなく、当事者理解、衛生管理や眼の構造、感染疾患、皮膚感染症についての知識ももつ。

≫TOPICS 2

難聴予防のための美容ケアの可能性

　難聴とは、聴覚機能が低下して聞こえにくくなった状態をいいます。高齢になると、約3人に1人が難聴になるといわれていますが、高齢者だけでなく、若者でも難聴になる可能性があります。たとえば、ヘッドホンやイヤホンをつけて大きな音で長時間音楽を聴くとヘッドホン難聴（イヤホン難聴とも呼ばれる）になったり、ほかにも、ある日突然聞こえにくくなる突発性難聴やメニエール病を発症したりすることがあります。

　前者は騒音性難聴の一種ですが、音楽を聴くことが原因になっているので音響性難聴ともいわれます。これは、内耳にある有毛細胞が損傷することで音の解析ができなくなり、聞こえにくくなるというものです。有毛細胞は一度傷つくと再生されないため、難聴にならないように予防することが大切です。世界保健機関（WHO）は、特に若者のヘッドホン難聴を懸念しており、耳を爆音にさらさないことや長時間イヤホンで音楽を聴き続けないことを呼びかけています。皆さんもぜひ、気をつけてください。

　一方、突発性難聴やメニエール病は、ストレスと関連があります。私たちの身体は交感神経と副交感神経という自律神経によって、環境の変化に対応しています。しかし、ストレスが過剰になるとそのバランスが崩れ、交感神経が過度にはたらき、その状態が続いた結果、聴覚機能の低下をもたらします。したがって、ストレスを解消して自律神経をバランスのよい状態に保つ必要があります。

　ストレス解消にはさまざまな方法がありますが、美容ケアもその1つと考えられます。阿部ら（1989）の研究では、エステティックやフェイシャルマッサージによって、快適感の増大、覚醒水準の低下・鎮静化が見られたと報告されています。つまり、美容ケアによって交感神経の興奮が抑えられ、リラクセーション効果があったということです。美容ケアには、美容に関する直接的な効果のほかに、血流量の増加やストレス解消、自律神経の調整などの間接的な効果が示唆されています。検証は今後の課題ですが、美容ケアによって自律神経を整えることが聴覚の健康維持に役立つ可能性があります。

（参考文献）
・阿部恒之・鈴木ゆかり・平田祐子「エステティックフェーシャルマッサージの心理生理学的研究──リラクゼーション効果の検証」『日本化粧品技術者会誌』第22巻第4号、pp.236-244、1989年

第 2 節 心理的・社会的変化と環境の外見への影響

1 ヒトにしかない老化の意義

1 ヒトはなぜ長命なのだろう？

ヒト以外のほとんどの哺乳類の動物は、繁殖年齢を過ぎるとやがて死んでしまいます（p.16の図2-1を参照）。しかし、20万年ほど前に東アフリカで誕生したヒト（ホモサピエンス）の女性は、閉経後、数十年も長生きするようになりました。進化生物学では、この謎を説明するために**おばあちゃん仮説**が提唱されました。おばあちゃんの存在がヒトの進化にとってより適応的だったから長生きするようになった、というユニークなアイデアです。

2 おばあちゃん仮説とは

「おばあちゃん仮説」では、祖母が自分の子どもの子ども、つまり孫の世話をすることに次のようなメリットがあったと考えています。ヒトの子育てには、時間と手間がかかります。そのため、閉経を迎えた女性が子育てを手伝うことで、年長者の経験や知識をもとに、より安全に子孫を残すことができるというものです。これまで閉経後は死を迎えるだけだった女性が、子育てを手伝うという役割を得たことで、「おばあちゃん」として長く老後を過ごすことになったのです。

ヒトの寿命は、身体を構成する器官や細胞、細胞の設計図であるDNAなど、さまざまな視点から説明することができます。おばあちゃん仮説は、家族や親族といった集団の人間関係など、ヒトの社会生活から長寿を説明する視点をもたらしました。ヒトの長寿について、個の繁殖以上に、ヒトが集団として社会を築くことの重要性から説明できるのです。

2 ライフサイクルと発達課題

1 ライフサイクル理論とは

　ライフサイクル理論は、人の生涯をいくつかの発達段階に分けて、心身の発達や生活の変化を理解する考え方です。人はそれぞれ異なった心身の素質を備えて生まれ、生活を送る環境も異なります。ライフサイクル理論では、これらが異なっていても、人は生まれてから死ぬまでの間に同じ心理的、身体的、社会的な発達段階をたどるとされています。

　ライフサイクル理論の基本的な考え方は、**表2-2**のようになります。以下に、発達心理学者や教育心理学者がライフサイクル理論の立場から説明した、代表的な3つの理論を紹介します。それぞれの理論では、発達段階と課題が示されています。必ずしも発達段階を年齢で区切る必要はありませんが、発達するうえで各年代に応じた課題があるという考え方は、困難に立ち向かう力になります。自分自身が今どの段階にいて、どのような課題をもって生きているのか、また、関わりの対象とする人、特に高齢者と関係を築くうえでこれらの考え方を取り入れると、その人がどのような課題に取り組んでいる可能性があるのかを理解する視点を養うことができます。

①エリクソンの心理社会的発達理論

　エリク・エリクソン（Erikson,E.H.）は、人間の生涯を8つの発達段階（**図2-10**）に分け、各段階において、人は固有の心理社会的課題と向き合うと考えました。各段階において個人が課題をどのように解決するかが、その後の発達や心の健康に影響します。課題の成功が次の段階に前向きな影響を与える一方、課題を適切に解決できない場合は、次の段階での成長が妨げられ、心理的問題が生じるおそれがあります。

　特に青年期には、**自我同一性（アイデンティティ）**を確立して、職業や生活の方向を定めることが最も重要な課題だとされています。青年期にこの課題を達成できなかった場合は、生活の目標が定まらず何のために学び働くのか、自分が納得できる理由が

表 2-2　ライフサイクル理論の基本的な考え方

発達段階と発達課題	人の生涯は、出生から死までいくつかの発達段階に分けられる。それぞれの段階には特有の発達課題があり、課題を解決できれば、次の段階へ発達が促される
連続性と変化	人生における各々の発達段階は、前の段階の経験に基づいて連続的に変化する。しかし、次の発達段階では、新しい学習や適応が必要になる
ライフイベント	就職や結婚、子育て、退職など人生の節目となるライフイベントや転機が個人の発達に大きな影響を与える
社会的、文化的要因	人の発達は社会的、文化的な諸要因の影響を受ける。社会的役割や文化的価値観などが、各々の発達段階の課題や経験に大きな影響を与える

見つかっていない状態が続くことになります。また、エリクソンは65歳以降を老年期と捉え、それまでの人生を振り返ってさまざまな経験を統合することが、老年期の発達課題だと考えました。長寿化が進んだ今日では、85歳以降の**超高齢期**の発達課題として、老年的超越が注目されています。

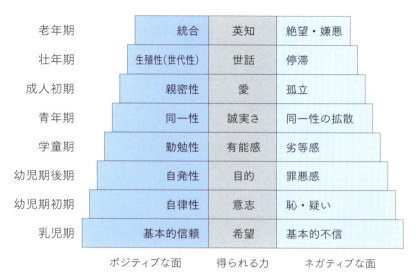

図2-10　エリクソンの8つの発達段階

②ハヴィガーストの発達課題

ハヴィガースト（Havighurst,R.J.）は、人間の生涯を6つの発達段階に分け、各段階において達成すべき発達課題を提唱しました（図2-11）。各段階で直面する具体的な課題を達成することで、健全な発達が促進されます。課題を達成できないと次の発達段階の課題を成し遂げることが困難になり、社会生活に悪影響が生じることもあります。

ハヴィガーストの理論は、教育やカウンセリング、福祉などの領域で個人が各ライフステージで直面する課題を理解し、解決するための指針として活用されています。

老年期の発達課題を詳しく見ると、①体力や健康の衰えへの適応、②退職と収入の減少への適応、③配偶者の死への適応のほか、④同年代の人と親しい関係を築くこと、⑤社会的、市民的義務を果たすこと、⑥身体的に満足できる生活を送るために環境を整備すること等が挙げられます。老年期を迎える人は、新たに多くの課題に直面します。心身の健康を保ち、自分らしい幸福な生活を送るために、美容福祉が果たす役割が一層重要になっています。

老年期	・生物学的老化に適応する ・退職や収入の減少に適応する ・配偶者の死に適応する
中年期	・大人として社会的責任を果たす ・両親の老いに適応する ・加齢による身体の変化を受け入れる
壮年期	・配偶者を選択する ・配偶者との生活を学習する ・子どもを育てる
青年期	・第二次性徴による身体の変化を受け入れる ・男性、女性の社会的役割を身につける ・情緒的に独立し、経済的独立の見通しをもつ
児童期	・身体的技能を習得する ・友達とうまく付き合える ・読み・書き・計算ができるようになる ・個人として自律する
乳幼児期	・歩けるようになる ・固形物を食べられるようになる ・話すことを学習する ・トイレトレーニングを受け、できるようになる

図 2-11　ハヴィガーストの発達課題

③レビンソンの成人発達理論

　レビンソン（Levinson,D.J.）は、人生を四季にたとえ、人間の生涯には4つの発達期と3つの過渡期があるとしました（**図2-12**）。発達期の課題は、人生の重要な選択をして生活を築き、自分が目指す目標を達成することです。過渡期の発達課題は、それまでの生活を見直して次の段階に向けて準備することです。自分自身や今いる環境を変える可能性を模索して、次の発達期において新しい生活を築くため大きな選択ができるように準備します。

　60歳から65歳頃が老年への過渡期です。職業生活から引退し、身体的、精神的な衰えを自覚して、死が遠い将来のことではないと実感し始めます。しかし、職場を離れて新たな人間関係を築き、社会との関わり方を変えることで、有意義な人生を送る環境をつくり出すことができます。あらためて自分の内面を見つめ、老年期の日々をどのように過ごすか熟考するときです。自分が本当にしたいこと、すべきことを見定めて他者や社会と関わっていく基盤を築きます。

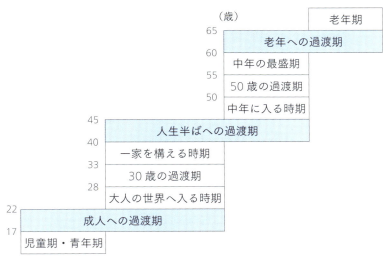

図 2-12　レビンソンの成人発達理論

2　老年期の発達課題と老年的超越

　エリクソンやハヴィガースト、レビンソンは、それぞれの立場から老年期を考察しました。老年期は人生を振り返り、やがて訪れる死に向けて準備する時期です。長寿化により現在では多くの人が80歳、90歳を超えて生きるようになりました。

　80歳を超えた高齢者は、しばしば物質主義的で合理的な世界観から宇宙的、超越的、非合理的な世界観へと心のあり方が変化することが知られています。トルンスタム（Tornstam,L.）はこれを**老年的超越**と呼びました。超高齢期に達した人々は、**表2-3**のような変化や発達を経験することが少なくないといわれています。

　老年的超越は、老年期を死へ向かう衰退の時期と見るのではなく、豊かな心の成長の機会と捉える新しい視点をもたらしました。超高齢期は人生における重要な発達段階として見直されようとしています。

表 2-3　老年的超越に見られる特徴

- 自分自身への関心が薄らぎ、身体機能の低下や容姿の衰えも気にならなくなる。
- お金や社会的地位への執着がなくなり、自分より周囲の他者を重んじるようになる。
- 社会との向き合い方が変わり、表面的な人間関係や友達の数にこだわらなくなる。
- 自分の存在が過去から未来への大きな流れの一部であると感じる。
- 物理的に遠く離れたところにいる人、先祖や昔の人とのつながりをしみじみと思う。
- 生命の神秘を感じ、死への恐怖も消えていく。

3 外見の変化と多様性（エイジズムとルッキズム）

1 外見の変化と多様性

　外見は、本人だけでなく他人から見ても変化がわかりやすい自己の側面です。加齢による外見の変化として、白髪や薄毛、顔のシミやしわ、背中の丸みなどが挙げられます。しかし、年を取ったからといって、誰でもみな同じように変化するわけではありません。一口に「高齢者」といっても、それまでの長年にわたる生活経験や過ごしてきた環境、心身の健康状態などによって外見の変化にも個人差が生じます。

　外見の「美しさ」の基準は、社会におけるその人のあり方のほか、時代や文化がもつ価値基準に左右されます。現代の情報化社会では、マスメディアの影響も大きいといえるでしょう。時には、この「美の基準」を美容家がつくり出してしまうこともあります。シミやしわがないこと、髪の毛がふさふさしていること、スレンダーなボディなどを基準に美容を提供することが、そこに合わなければ、価値が低いと見る考え方を強めているのです。本書を読んでいる皆さんは、今後、美容家として、多くの人と関わっていくことでしょう。「多様性」を念頭に、自分の価値観が偏っている可能性を自覚することが重要です。

2 エイジズム

　エイジズム（年齢差別）は、年齢に基づく偏見や差別のことです。高齢者に「いい歳をして○○するなんて」と言ったり、若者に「まだ若いのだから○○してはいけない」などと言ったりするのはエイジズムです。また、高齢者自身が「もう歳なのにこんな服を着るなんて」と思うのも、エイジズムといえます。

　エイジズムは、差別される人の生活や心身の健康、社会的機会などに大きな影響を与えます。加齢による老化が人を魅力的ではない、非生産的な価値の低い存在にするというネガティブな考えが高齢者差別の背景にある場合も少なくありません。高齢者の尊厳を損なうこうした差別は許されるものではありません。

　少子高齢化や人口減少が急速に進む日本では、65歳以上の人が各々の事情に応じて職業に従事し、また地域社会の担い手として積極的に活動することが不可欠です。高齢者に対するエイジズムは、これを妨げる原因となります。高齢者でなくとも、誰

もが時にはちょっとした失敗をするものですが、それを高齢や老化のせいにしていないでしょうか。また、職場で高齢であることを理由に低い評価を受けたり、働く機会が制限されたりしていないでしょうか。もしこうしたことが起これば、高齢者は自らの尊厳を傷つけられ、社会と関わる意欲を失うかもしれません。これは高齢者にとっても社会にとっても、大きな損失です。

もし、皆さんが高齢者を差別するエイジズムをもっているなら、将来、自分が高齢者になったときに同じように差別されるかもしれません。

レイシズム（人種差別）やセクシズム（性差別、特に女性差別）と同様に、エイジズムも私たちが解決しなければならない重要な課題の1つです。

クイズに○×で答えよう！
1. 高齢者（65歳以上）の多くは孤独を感じている。
2. 高齢者は、若い人よりも仕事の効率が悪い。
3. 高齢者は環境の変化に適応できない。
4. 高齢者は地味な服を着るようになる。
5. 高齢者は頑固である。
6. 年をとると、信心深くなる。

答えはすべて「×」です

---

3 外見の老化にこだわるメリットとデメリット

外見の老化にこだわるメリットとして、外見の老化が生じないように、食生活に気をつけて適切な運動習慣を保ち、身体のケアを行うことが、健康の維持・増進に役立つと考えられます。また、実年齢と比べて若々しい自分の外見に自信をもつことができれば、心の健康も向上します。心身が健康であれば、仕事やコミュニティでの活動や趣味のサークル活動などにも、一層積極的に参加できるでしょうし、このことが健康寿命を延伸し、QOLを高めることにもつながるでしょう。

一方、デメリットとして、肌の老化に抗って化粧品やサプリメント、美容整形手術などに多額のお金をかけたり、体型を保とうとして過剰なダイエットや運動を行って健康を害したりすることが挙げられます。また、外見へのこだわりから精神的ストレスを生じて心身の健康を害したり、外見の老化を気に病んで人前に出ることを避けたりして、社会的孤立に陥るおそれがあります。社会的孤立は健康に重大な影響を与えるため、今社会が取り組むべき喫緊の課題となっており、国も孤独・孤立対策推進室を立ち上げています。

外見に過度に気をとられて、趣味や仕事、友人との交流が制限され、生活を楽しめなければ、とても不幸なことです。高齢者が加齢によって変わった自分の外見を過度に低く評価するのは、一種のエイジズムではないでしょうか？

4　ルッキズムとは

　ルッキズムとは、外見に基づいて人を評価し差別することで、「外見至上主義」ともいわれます。「スレンダーな美人」や「背の高いイケメン」がもてはやされる世の中では、外見による差別が起きやすい傾向が見られます（図2-13）。

　肌の色など、身体の特徴によって差別する人種差別も一種のルッキズムです。太っている、背が低いなどの体型や、身体の外傷や障がい、タトゥーなどの外見による差別が起きています。歴史を振り返ると、男性に比べて女性の容貌を重視する社会通念が長く続いてきたため、女性への外見差別が性差別と結びついて社会に深く浸透しています。また、個人差はあるものの、老齢になれば、誰でも正常な生理的老化として皮膚のしわや白髪が増えるなどの変化が起こります。このような高齢者の自然な外見の変化をあげつらう差別は理不尽なものです。

　ルッキズムは、各種メディアや広告産業などを通して、私たちに大きな影響を与えています。たとえば、シミやしわで悩む高齢者が、化粧でそれを隠すことで活動的になるコマーシャルを目にしたことがありませんか。シミやしわがない人が美しいとされ、メディアがつくりあげた「美しさの基準」に合わせようとする人が増えています。また、美しいとされる人が社会的、経済的に優遇され、そうでないとされる人が不利益を被るなど、さまざまな問題が起きています。近年、SNSに自分の画像をアップする人が増えましたが、そうした画像はデジタル補正され、実際より美しいこともしばしばです。SNSで見た他者の画像と比較してより美しくなろうとする人が増え、一般の人々の間で「美しい人」への関心が一層高まっています。美容やフィットネスなどへの関心の高まりが、ルッキズムの背景にあるようです。

　美容は人の外見を美しく変え、生活を豊かにする力をもっています。しかし、美容へのこだわりが、過度に外見を重んじるルッキズムを助長します。美容を心身の健康や幸福な生活のために活かす、という原点を忘れてはなりません。近年のファッション業界では、従来のスレンダーなモデルだけでなく、プラスサイズモデルも活躍し始めています。平均よりも大きな体型など、あるがままの自分の外見を受け入れて生活

図 2-13　身近なルッキズム

を楽しむ**ボディ・ポジティブ**の考え方も普及しつつあります。

5 外見の美しさを求めることのメリットとデメリット

　外見の美しさを求めることのメリットとして、美しい外見をもつ人は就職や昇進の機会を得やすくなり、収入が増えるという研究報告があります。外見が美しければ自信が高まり、他者からよい反応を得て、心の健康や日常生活の質が向上することがあります。美容に関心をもつ人の多くは、こうしたメリットを自覚しているのではないでしょうか。

　一方、外見の美しさを重んじることのデメリットとして、自分自身の外見にコンプレックスを抱くなど、ルッキズムやエイジズムを自らつくり出し、苦しんでしまうことが挙げられます。その結果、心身の健康を害し、社会生活が制限されるおそれがあります。

　さまざまなメディアを通して特定の外見の美の基準が流布されると、それに従おうとする圧力が生じ、化粧品や整形手術など、美容のための製品やサービスが過度に消費されます。また、自分の外見を美しくないと思うストレスが、さまざまな要因と相まって**摂食障害**や**身体醜形障害**などの原因になることもあります。

　過度に外見の美しさにとらわれると、そのために多くの時間や金銭を費やし、仕事や勉強、趣味などといった日々の生活がおろそかになります。また、人の判断基準を外見の美しさに置くルッキズムにつながりかねません。

》TOPICS 3

ジブリ映画に登場するおばあちゃんの役割

　スタジオジブリのアニメーションには、おばあちゃんのキャラクターがたくさん登場します。『風の谷のナウシカ』の大ババ様や『もののけ姫』のヒイ様は、その土地の歴史を背負った賢者として作品の中に存在しています。それでは、『となりのトトロ』に登場するカンタのおばあちゃんはどうでしょうか。

　引っ越してきた姉妹、サツキとメイの母親は、入院していて家にいません。母親がいなくて寂しい思いをしている2人を温かく包み込んでくれるのが、カンタのおばあちゃんです。おばあちゃんは、自分が子どもの頃に出会ったススワタリの話をしてくれたり、野菜の収穫をさせてくれたりするなど、「知恵の宝箱」といえます。また、いずれは、サツキたち姉妹も歳をとっておばあちゃんになるのです。それが世界を維持する大きな循環をなしています。

　森の妖精であるトトロは、小トトロから中トトロ、そして大トトロへとなっていきます。サツキたち姉妹の居場所が、同じように時間の流れのなかに確保されます。サツキたちは学び続け、成長していかなければなりませんが、決して孤立無援の状態にあるわけではなく、大きなものの流れの懐に抱かれている、大切な存在なのです。それを教えてくれるのが、おばあちゃんです。おばあちゃんとサツキ、メイが一緒にいると、大トトロと中トトロ、小トトロが仲良く笑っているような構図が浮かび上がります。

　高齢者という知恵の宝箱がいつもすぐ隣にいて、その宝は循環していること、いつか少女たちもその宝箱になることを、大中小のトトロたちとおばあちゃんの存在が教えてくれているのです。おばあちゃんは人生の知恵の宝箱であり、その宝は世代から世代へと受け継がれていかなければなりません。

引用文献・参考文献

（第 1 節）

1）椛島健治『人体最強の臓器 皮膚のふしぎ——最新科学でわかった万能性』講談社、p.242、2022 年

・小林武彦『なぜヒトだけが老いるのか』講談社、2023 年

・ローレンス・D・ローゼンブラム、齋藤慎子訳『最新脳科学でわかった五感の驚異』講談社、2011 年

・タルマ・ローベル、池村千秋訳『赤を身につけるとなぜもてるのか？』文藝春秋、2015 年

・西原克成『顔の科学——生命進化を顔で見る』日本教文社、2010 年

・馬場悠男『「顔」の進化——あなたの顔はどこからきたのか』講談社、2021 年

・東京都健康長寿医療研究センター研究所「高齢期における口腔機能の重要性——オーラルフレイルの観点から」
（https://www.tmghig.jp/research/topics/202209-14383/）

（第 2 節）

・エリク・H・エリクソン、西平直・中島由恵訳『アイデンティティとライフサイクル』誠信書房、2011 年

・ロバート・ハヴィガースト、児玉憲典・飯塚裕子訳『ハヴィガーストの発達課題と教育——生涯発達と人間形成』
川島書店、1997 年

・ダニエル・レビンソン、南博訳『ライフサイクルの心理学（上・下）』講談社、1992 年

・増井幸恵『話が長くなるお年寄りには理由がある——「老年的超越」の心理学』PHP 研究所、2014 年

・アードマン・B・パルモア『エイジズム——高齢者差別の実相と克服の展望』明石書店、2022 年

・ダニエル・S・ハマーメッシュ、望月衛訳『美貌格差——生まれつき不平等の経済学』東洋経済新報社、2015 年

第 3 章

健やかさを保つための
美容ケア

第①節 ケアとしての美容

1 美容の効果

1 はじめに

　美容による心理的・生理的効果とは何でしょう。一見難しいこの問いに対して、実は、私たちは日常生活の行動のなかで答えを出していることが多いのです。

　たとえば、試験の失敗や失恋などといった心の痛手から気分を一新したいとき、ヘアスタイルや洋服、化粧方法などを変えるのは、昔からよく用いられる方法です。また、なんとなく元気のない朝は、化粧をすることで気分が引き締まり、学校や職場に出かけられたという経験をもつ人も多いはずです。反対に、身体が疲れすぎている、気分が落ち込んでいるというときは、エステティックマッサージの施術を受けたり、一人でアロマバスに入ってくつろいだりして、心身の回復を実感することもあります。化粧などは、主に気分を高める積極的な美容行為であるのに対して、エステティックマッサージなどは、主に気分を落ち着かせる癒しの美容行為です。

　美容がもたらす効果の検証は、1980年代後半から盛んになり、心理学研究や医学研究を通じて解明されつつあります。しかし、私たちはそれ以前から誰に教わることもなく、これらの行為を使い分けて生活してきました。現在では、これらの効果を積極的に利用して、誰もがその人らしく生きられないか、という観点からケアとしての美容を考え、実践していこうとしています。

　本節では、ケアとしての美容の実践に役立つ基礎知識として、広く美容の心理的・生理的効果に関する研究を紹介します。また、その結果、化粧を含めて装うことが周囲の人の反応や行動を変えるという、他者への心理的・社会的効果についても紹介していきます。

2 美容技術の機能分類

　化粧、ヘア、ネイル、ファッション、アロマテラピー、エステティックマッサージなどの美容技術は、**表3-1**の2つの機能・役割を有しています。

　スキンケアやメイクアップなどといった個々の技術は、両方の機能をもつため、そ

表 3-1　美容技術の機能とその役割

維持機能	身体の衛生や健康を維持する。 主にスキンケア、エステティックマッサージなど
演出機能	人の印象を変え、美しく演出する。 主にメイクアップ、ヘアなど

のどちらを重視するかによって、もたらされる心理的・生理的効果も異なります。

3　美容がもたらす自分への効果

　ポーラ文化研究所が女性1500人（15～64歳）を対象に行った調査[1] では、スキンケアは91％、メイクアップは79％の人が行う、広く普及した日常行為といえます。また、女子大生を対象とした調査[2] でも、化粧を「しない」と答えた人は2.33％しかいませんでした。なぜ、これほどまでに多くの人が化粧行為を行うのでしょうか。それには、さまざまな効用があるからなのです。

①美容がもたらす心理的効果

気分の変化：高揚と鎮静

　たとえば、朝は「スッキリとした（覚醒・高揚）」気分にさせてくれるスキンケアが、同じ行為であっても、夜は「ほっとした（鎮静）」気分にさせてくれることは、多くの人が実感しています。また、基本的に「気分アップ（高揚）」を担うメイクアップでも、日常的に化粧をしている人が、ノーメイクで外出してしまった場合を想像してみましょう。気分が上がらないのはもちろんのこと、気持ちが落ち着かないことでしょう。そんなときに化粧をしたら「ほっとする（鎮静）」気分になることができます。スキンケアもメイクアップも、とても身近にある気分調整アイテムということができます。

　化粧をした人自身に生じる心理的効果には、「気分の高揚効果と鎮静効果」という、相反するものが認められていることが、さまざまな研究からも明らかになっています[3]。

行動の変化：積極的になる

　化粧、とりわけメイクアップによって、心理面の変化だけでなく行動まで積極的になることが報告されています。たとえば、面接場面の実験では、素顔のときよりも化粧をしているときのほうが、面接官への直視量が増えていました[4]。また、女子大生に、化粧なし・ナチュラルメイク・ヘビーメイクの3条件で自分の意見を述べてもらう実験では、ナチュラルメイクが心理的に安定し（不安が低い）、積極性が高まっていました（発話量が多い）。いつもと違うヘビーメイクは、化粧をしないときと同じくらい被験者の不安を高めていましたが、発話量は少なくなりませんでした[5]。

第1節　ケアとしての美容　　043

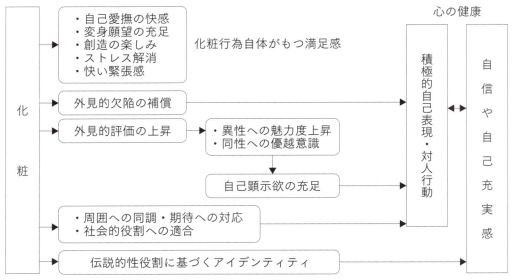

図 3-1　化粧行動のもつ心理的効用の構造
出典）松井豊・山本真理子・岩男寿美子「化粧の心理的効用」『マーケティング・リサーチ——市場調査』第 21 巻、pp.30-41、1983 年

心理的効用の構造

　化粧は、その人にとってどのような意義があるのでしょうか。松井らは、社会心理学の視点から、"化粧行為そのものがもたらす効果"と"他者の存在を前提として生じる効果"に分けて説明しました（**図3-1**）。

　前者は、鏡に向かい自分の顔に触れる心地よさ、変化のなかで満たされていく変身願望など、人に見られるということ抜きで純粋に化粧を楽しむとき、どのような気持ちになるかを表しています。これに対して後者は、にきびやシミなどの顔のトラブルを隠すことで、安心してより積極的に人と付き合えるなど、他の人の存在を前提にして初めて意味を有する心理的効果です。また、化粧によって女性らしさを示したり、あるいは社会人にふさわしい身なりや化粧をしたりすることで、周囲からの信頼を得て、求められる役割や仕事も自信をもってこなすことができます。このようにして化粧の効用は、心の健康に結びつくのです。

②美容によって気分や行動が変化する理由

　化粧行為による気分の変化について、さまざまな立場から説明が試みられています。
　社会心理学の立場からは、化粧が「自分の目」と「他者の目」を介して「私はこういう人だ」というアイデンティティの自覚を促すからだと説明されています[6]。たとえば、化粧によって外見が変化するのを、鏡を介して「自分の目」で観察するとき、「きっとおしゃれで優秀な学生だと思われるだろう」と、周りの人が自分に対して抱くであろう印象や期待を想像します。そんな自分への期待に応えようとする動機が高まると、「人に会いたくなる」などの積極性の向上や「がんばろう」といった気持ち

につながります。そして、この外見の変化は、実際に「他者の目」に触れることで「素敵な学生」といった周りの人からの新たな反応を引き出し、自分にフィードバックされます。それによって、自分が期待されている役割を再認識させられるのです。

面白いことに、近年の脳研究でも、化粧をした自分の顔を見ているときは、他者の顔を見ているときと同じ部位が活性化することがわかり[7]、自分のなかの「他者の目」は、化粧行動において欠かせません。これは、周囲の評価を気にする公的自己意識の高い人が化粧の効用をより強く意識し、化粧によって自信が改善する[2]ことにも表れています。

また、人は悲しいから泣くのか、泣くから悲しいのか、という議論がありますが、顔の表情が感情に影響するという感情心理学の立場からすれば、まさに化粧を施すことが表情を豊かなものにし、それによって感情が調整され、気分もよくなるというわけです[8]。

③美容がもたらす生理的効果

美容の生理的効果は、心拍・脳波・唾液や血液に含まれるストレス指標などを用いて測定されており、ストレスを低減させることが認められています。もっとも、そのためにはフェイシャルマッサージやメイクアップに満足していることが必要です。

スキンケアやエステティックマッサージ

スキンケアやエステティックマッサージによって、リラックスした気分になることは多いでしょう。実際、男性3人を対象とした研究で、エステティックマッサージを受けた日は、他の日に比べて、ストレスにより活発化する心拍率（副腎－交感髄質系の活動）や唾液中のコルチゾール濃度（HPA系の活動）が抑制されることがわかりました[9]。

同様のストレス低減傾向は、出産直後の入院中の女性38人を対象にしたエステティックケアの研究[10]や、ストレス負荷後のアロマの香りの呈示による研究[11]にも示されています。

メイクアップ

メイクアップにも、抗ストレス効果が認められています。たとえば、太田母斑に悩む患者に対してカバーメイクを行ったところ、不安や敵意などのネガティブ感情が低下するとともに唾液中の免疫指標（S-IgA）の増加が見られるなどの研究が行われています[12]。また、宇野[13]は、脳血管疾患・心疾患・パーキンソン病などで長期入院をしている高齢の患者に対して、月1回の美容専門家による化粧療法と毎日の化粧を組み合わせて行い、5か月間の変化を測定しました。その結果、血中の免疫指標（インターフェロンα産性能及びナチュラルキラー活性）が増加し、行動面でも自発性・積極性の向上、表情や食欲、睡眠の改善が見られたそうです。このような高齢者の免疫機能の増大は、感染に対する抵抗力のアップにもつながるのではないかと期待されています。

4　美容がもたらす他者への効果

　外見を美しく装うことは、周りの人の判断や行動にどのような影響を与えるのでしょうか。人は、同一人物の写真を見せられた場合、化粧をしているほうが素顔のほうよりも魅力的だと判断しやすいことが、これまでの研究から明らかになっています。もちろん、すべての場合に当てはまるわけではありません。秘書など専門的スキルが重視される職業によっては、入念な化粧がその人の能力評価にマイナスに作用することや、評価者としては男性より女性のほうが厳しいということも報告されています。また、fMRIを用いて評価者の脳の活性化を測定した研究では、ノーメイクよりもファンデーションやアイメイクを加えていった写真のほうが魅力度は有意に上昇しました。しかし、さらにリップを加えたフルメイクをしても、それ以上、魅力度は上昇しませんでした。アイメイクだけでフルメイクと同等の魅力度アップ効果があり、脳が相手の顔をしっかり覚えると考えられています[14]。

　しかし、このように人を判断するという場面だけでなく、人を援助するという場面でも、化粧や服装の効果が認められているのです。たとえば、魅力に関する古典的な研究ですが、ミンスら[15]がキャンパス内で本をばらまいて困った様子を見せるという実験を行いました。困っているのが同一人物であっても、身なりを整えていたときのほうが、男性からの援助行動（拾うのを手伝うなど）が明らかに多かったそうです。

　なぜこのように他者の評価や行動が変わるのでしょう。それは、化粧を施すことによって客観的な魅力度が上昇することに加えて、「手入れをする人＝よい人＝好ましい人格」と受け取られるためだと考えられています。肌が美しい人のほうが魅力的であると評価されやすい[16]のも、その影響かもしれません。

　このように、とりわけ初対面の場合、外見の印象は周りの人の判断や行動に影響を与えやすいのです。

2　社会交流と美容の効果

1　ケアとしての美容：化粧療法の歴史

①概説

　ケアとしての美容は、本来、化粧のみではなくヘアスタイルやネイル、服装などといった装いの全般を含みますが、ここでは、最も研究が進んでいる化粧療法を例に説明していきます。

　これまで述べたような一般人にもたらす化粧の効果を、加齢や病気に悩む人の問題解決に役立てられないか、という視点から研究されたのが、化粧療法です。化粧療法の明確な定義はありませんが「化粧が個人に与える心理学的効果を利用した心理・生理的な治療効果をもたらすことを期待して行われるもの」[17]とされています。

近年、その対象は広くなり、名称も化粧療法だけではありません。高齢者や障がい者、何らかの疾患がある人を対象とした**メイクセラピー**、皮膚疾患（瘢痕や母斑など）への**カモフラージュメイク**、視覚障がい者への**ロービジョンケア**など、領域によってさまざまな名称が使われています。そしてこれらは、誰にでも起こり得る加齢に伴う変化の対策（介護予防）や100年時代の人生を積極的に楽しむための方策として期待されています。化粧療法の目的が、患者の問題症状の改善から社会参加、そして広くすべての人の生活の質（QOL）の向上へと移行している時代といえるでしょう。

②分類

化粧療法は、その主たる目的によって以下の2つに分類することができます。

表 3-2　化粧療法の分類

外見修正プログラム	【対象】 あざや瘢痕（傷あと）といった外見の異常や、顔の構造上の問題で、心理的不適応を起こしたり社会的に不利益を被ったりしている人々 【目的】 容貌の改善を行うこと。外見を魅力的にすることでポジティブな自己像を生み出し、自己に対する他者のポジティブ評価を生じさせることを目指す。 【その他】 イギリスでは、1970年代から赤十字病院において「カモフラージュメイク」という化粧法が行われていた。日本では、1971（昭和46）年に慶應義塾大学とカネボウ化粧品が行った、植皮術後の患者へのエステティックマッサージと化粧法の開発がその始まりといえる。その後、現在まで、ハンセン病・太田母斑・白斑・皮膚筋炎・アトピー性皮膚炎・熱傷・口唇口蓋裂・顔面神経麻痺など、数多くの疾患を対象に化粧療法の研究が行われている（症例報告も含む）。
自己活性化プログラム	【対象】 認知症高齢者や精神疾患の患者 【目的】 化粧を施すことを手がかりに、積極的に自分に触れたり、施術者や周囲とコミュニケーションをとったりすることによって、①無関心になっている患者の自己への関心を回復する、②認知の歪みを修正し、平板になった感情を活発化する、③疾患や障害に起因するストレスによる気分低下を緩和する、など。 【その他】 化粧による容貌の改善を目的としたものではない。

出典）余語真夫「臨床心理学的技法としての化粧療法の考察」『クレアボー』第11巻、pp.33-38、1997年をもとに著者作成

2　ケアとしての美容の実践：高齢者を例に

①要介護高齢者の研究

コミュニケーションが困難なこともある認知症高齢者や障がい者の場合、一般人を想定した質問紙を使って気分や感情の変化を測ることが難しいケースがあります。そこで、声の高さ・言葉を発する時間・鏡を見る時間・ほほえむ時間の長さなどの客観的指標での測定や、介護者による行動チェック観察が多く用いられています。また最近は、機器を用いた身体能力の測定なども行われるようになっています[18]。その結果、**表3-3**の4つの効果が多くの研究で認められてきました。

最近では、化粧療法が健常な高齢者の脳波を安定化させたり、軽度認知症高齢者の

表3-3　要介護高齢者への美容の効果

自分への関心の高まり	化粧をきっかけに鏡をよく見るようになるなど
社会性や積極性の向上	周囲の人からの声かけに反応が増える、自主的に声をかけるようになるなど
身体機能の向上	握力や筋力、食事動作の自立度や口腔機能が向上するなど
病気特有の問題症状の軽減	落ち着いて座れるようになる、排尿コントロールができるようになるなど

　前頭前野の活動を活性化させたりするなどの脳機能の研究[19]や、AIソフトウェアを用いた表情変化の定量的評価を行う研究[20]なども増えています。化粧療法の効果のメカニズムが解明される日もそう遠くないかもしれません。

②化粧を用いるメリット

　高齢者の気分や感情を活性化させるには、音楽や回想などさまざまな方法がありますが、伊波の研究[21]をもとにあえて化粧を用いるメリットをまとめると、**表3-4**のようになります。

表3-4　高齢者に化粧を用いるメリット

①受け入れやすい	刺激が日常的なものなので、心理的な違和感は比較的少ない
②味覚以外がすべて刺激される	五感に訴える手がかりが豊富である
③実施が簡単	道具の入手及び実施が比較的簡単であり、作業負担が軽い
④変化がわかりやすく、対人交流に結びつきやすい	実施前後あるいはその過程における変化が視覚的に明らかなため、施術実感を得やすく、対人的なやりとりを活性化させる
⑤継続が可能	最初は化粧をしてもらうなどの受動的な参加から始めても、プログラム終了後、参加者が自発的、日常的かつ習慣的に化粧を取り入れることができる

3　ケアとしての美容：対人交流の重要性

　自信や満足感が上昇するといった化粧の心理的・生理的効果は、個人で化粧をした場合にも少なからず生じるものです。しかし、私たちが現場で化粧療法などのケアとしての美容を実践する場合、人との交流が生じることによる効果を実感することも少なくありません。たとえば、担当した美容専門家とのやりとりや、プログラム終了後の介護職員や他の入居者の反応などが、場合によっては化粧そのものよりも高齢者の笑顔や発話を促進するなど、心理的・生理的効果に大きく影響しています。そのため、周囲の反応が本人の期待より悪かった場合、「楽しかったけど、家に戻ったら管理人さんの反応がよくなかったからもう参加しない」と話す人などもいました。

　東北大学の阿部恒之は、無人島に自分しかいなかったら多くの人は化粧をしないと、化粧行動の社会性を指摘しています。人はなぜ装うのか。一般人を対象とした化

048　　　第3章　健やかさを保つための美容ケア

粧行動の研究や白髪染めの研究でも、人は、他者の目、つまり自分がどう見られるかの評価を気にしていることがわかっています。実際、健康な中高年女性の4割以上が、用がないときはメイクをしないと回答しています[22]。他者の目を気にする根底には、社会的動物である人間は、他者に受容されてはじめて、自分を大切に思うことができる（自尊感情が上昇する）ということがあるのではないでしょうか。

ケアとしての美容の実施にあたり、おしゃれを楽しむ姿をともに喜び、「きれいね」「素敵な人ね」などとポジティブな反応を返すこと、一人の尊敬すべき大切な人として心から接することは、対象者の自尊感情を高め、ひいては精神的健康や社会的適応を促進するのに不可欠です。

図 3-2　ケアとしての美容の効果

化粧行為、とりわけメイクアップがもつ社会活性化作用を積極的に利用し、高齢者の外出を促進してフレイル予防に役立てようという試みも始まっています。池山[23]が元気な高齢者270名を対象に「いきいき美容教室」を開催したところ、9割以上の人が「化粧すると外出したい気持ちになる」と回答しました。しかも、その4割は、閉じこもりがちな高齢者だったのです。高齢者が増加する時代、健康を維持するために社会とつながる美容の役割は、ますます重要になるでしょう。

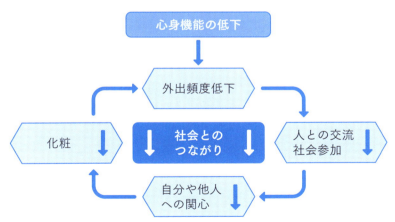

図 3-3　フレイルと化粧の関係
出典）池山和幸『「粧う」ことで健康寿命を伸ばす化粧療法——エビデンスに基づく超高齢社会への多職種連携アプローチ』クインテッセンス出版、p.66、2019年

第1節　ケアとしての美容　049

4　ケアとしての美容：実施上の注意点

　ケアとしての美容を行う際には、「相手の価値観を尊重する」ことが基本になります。しかし、この本で学ぶ皆さんは、「美容ケアは素晴らしい」と学習しているために、「相手を尊重する」という当然の行為が意外にも難しいときがあります。実際の場面で相手を傷つけないためにも、以下の点に注意しましょう。

①美容ケアの限界を理解して関わること

　これまで、化粧療法を中心に、美容ケアの効果について説明してきました。きれいになれば、幸せな気分となり活動的になると誤解されるかもしれません。しかし、ケアとしての美容のゴールは、「美容的に美しくなること」ではなく、QOLの向上であり「誰もがその人らしく生き生きと生活すること」です。

　そのため、化粧を好まない人や、重度の認知症で鏡像認知（鏡の中の姿を自分だと理解）ができない人には、化粧療法は適切ではありません。対人交流の効果はあるかもしれませんが、何をされているのかが実感できるハンドケアやネイルなどのほうが喜ばれるでしょう。

②美容ケアの矛盾を理解して関わること

　化粧療法は「化粧で美しくなれる」「美しいことや若々しいことは幸せである」「大人になったら化粧をするのが普通」「肌トラブルは隠すほうがよい」など、さまざまな暗黙の価値観の上に成り立っているともいえます。

　あざのある女性が、筆者に「あざを隠してみたいと思って、化粧品売り場に行きました。とても親切に対応してくださって、きれいに隠すことができました。心配していた他の店員さんも『きれいになったね！』と喜んでくれました。それはとても嬉しかったのですが、帰り道、だんだん悲しくなってしまいました」と話してくれました。

　彼女にとっては、化粧をしてみたいと思った自分もあざのある自分も、本当の自分です。彼女は、「きれいになったね」と褒めてくれた店員の言葉を、「あざを隠さないときれいじゃない」というメッセージとして受け取ったのでしょう。あざのある人が全員そのように受け取るわけではありませんが、何気なく言い放たれた言葉の重みは、当事者であれば強く共感することでしょう。皆さんの声かけによっては、楽しいはずの美容ケアが、コンプレックスを強く意識させてしまうきっかけになるかもしれません。外見を気にしている人に皆さんがプロとして関わるときは、中立的な価値観をベースに「お気に召していただけましたか？」などと尋ねてはいかがでしょうか。

第 2 節　ヘアケアとヘアスタイル

1 加齢による毛髪への影響

　毛髪や頭皮は、加齢の影響だけでなく、紫外線やさまざまな外的要因、身体や心に関わる内的なストレス要因などにも影響を受けます。また、ヘアケアがストレス要因になることもあるため、適切にケアすることが必要です。
　加齢に伴う毛髪の変化には個人差がありますが、一般的には薄毛や毛の細り、根元のボリュームダウン、クセ毛、パサつき、白髪等が該当します。なぜ、こうした変化が起こるのでしょうか。こうした変化が起こる理由を理解し、健やかさを保つためのヘアケアのポイントを見ていきましょう。

1　毛の構造

　毛は、皮膚の表皮が変化したもので、**ケラチン**というタンパク質を主成分とし、水分、脂質、メラニン色素などで構成されています。またpHは、皮膚同様5.5程度の弱酸性です。構造的には表面から毛小皮（キューティクル）、毛皮質（コルテックス）、毛髄質（メデュラ）の3層から成っており（図3-4）、各々の特徴は表3-5のとおりです。
　皮膚内部の毛根は毛包で覆われています。毛根の下端を毛球（図3-5）といい、その

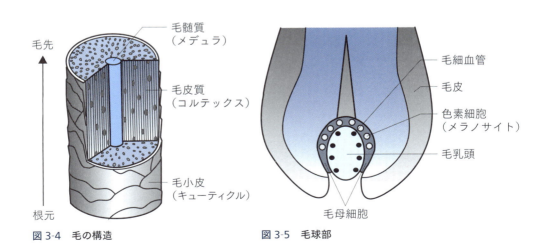

図3-4　毛の構造　　　　　　　　図3-5　毛球部

表 3-5 毛の層と主な特徴

毛小皮 （キューティクル）	・無色透明 ・根元から毛先に向かいウロコ状に重なり合う ・毛髪内部を保護する鎧のような役割を担う ・毛小皮剥離→内部のタンパク質流出→ダメージ進行→毛髪のハリ、コシの喪失につながる
毛皮質 （コルテックス）	・タンパク質が繊維状に縦に連なり、毛にしなやかさや弾力を与える ・毛の色を表現するメラニン色素を含む
毛髄質 （メデュラ）	・途中で切れる、空洞となっている場合がある ・うぶ毛のような細い毛には存在しない

中心部にある毛乳頭というくぼみに接する部分を毛母といいます。毛母には、毛母細胞とメラニンをつくる色素細胞（メラノサイト）が存在し、毛乳頭に入り込んだ毛細血管から毛母細胞が栄養を受け、細胞分裂を繰り返しながら毛をつくっています。

2　毛の成長

毛は、爪のように絶えず伸び続けているわけではありません。成長し、伸び続ける成長期、毛根が退化して成長が弱まる退行期、成長が停止する休止期を繰り返しており、これを**ヘアサイクル**（**毛周期**）といいます（図3-6）。

毛髪の90％前後が成長期の毛です。男女差はあるものの、成長期は2〜7年といわれています。その後、退行期を経て休止期に入り、抜け落ちます。したがって、1日に50〜100本程度抜けるのは正常の範囲といえます。

なお、薄毛は、ヘアサイクルの乱れによって生じます。その特徴は男女によって異なり、男性では成長期が短くなることで毛髪が育たず毛が細り、女性では休止期が長くなることで毛量が減少し、薄毛になることがわかっています。

毛髪の成長速度は、個人差はあるものの1日0.4mm程度、1か月で約1cm程度です。これは爪が伸びる速度の約3倍となります。

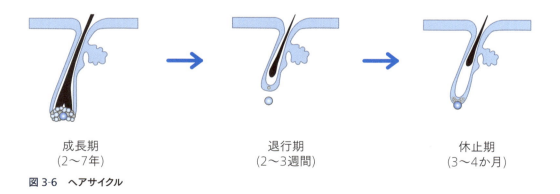

成長期　　　　　　　　　　退行期　　　　　　　　　　休止期
（2〜7年）　　　　　　　　（2〜3週間）　　　　　　　（3〜4か月）

図 3-6　ヘアサイクル

3　頭皮の構造

　良好な土壌で植物が生育するように、毛髪の成長にとって頭皮の状態はとても重要になります。頭皮は身体の皮膚と同様に、表面から表皮、真皮、皮下組織の3層になっています（図3-7）。特に皮膚のハリや弾力、うるおい等に関わるコラーゲン（膠原線維）、エラスチン（弾性線維）、ヒアルロン酸を含む真皮は、頭皮内部の毛根の状態にも影響を及ぼします。さらに頭皮と顔の皮膚は1枚でつながっているため、頭皮のたるみは顔のたるみにもつながります。

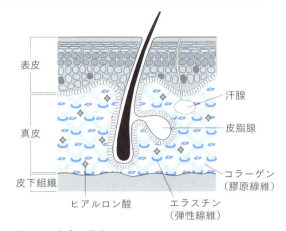

図3-7　皮膚の構造

4　加齢による変化

①薄毛・毛の細り

　薄毛や毛の細りの原因として、遺伝、ホルモン、病気、生活習慣等が考えられますが、加齢によるものとしては、頭皮が硬く薄くなり、毛髪の成長に不可欠な血液を運搬する毛細血管の衰え等も加わることで薄毛につながると考えられています。

②毛髪根元のボリュームダウン

　根元の立ち上がりが弱まる原因として、頭皮内部の変化が考えられます。前述のとおり、皮膚のハリや弾力、うるおいには真皮内のコラーゲン、エラスチン、ヒアルロン酸が深く関係しています。しかし、加齢によってこれらの産生量が減少すると、頭皮のハリが失われ、たるみが生じたり頭皮が薄くなったりします。この影響が頭皮内部の毛根にも及び、立ち上がりが弱まると考えられています。

③クセ毛

　クセ毛の度合いには毛根の形状が大きく影響しています。毛根がまっすぐであれば毛の断面はほぼ円形で直毛となり、毛根の曲がり方が強くなるほど、毛の断面は楕円から扁平となって、クセの程度も強くなるといわれています。そのため、加齢によるクセ毛は、頭皮の真皮内の組織変化に伴い、毛根の形状も変化することが要因と考えられています。
　なお、毛皮質には水を吸いやすいタンパク質（オルト様コルテックス）と、水を吸いにくいタンパク質（パラ様コルテックス）が存在しますが、毛髪のうねりは、それらの

分布の偏りによって起こることがわかっています。

④パサつき

主な原因は、日常の誤った手入れや紫外線、カラーやパーマなどによる損傷ですが、加齢によるものとしては水分量の減少や皮脂分泌の低下が挙げられます。皮脂は、毛包に開口している皮脂腺（**図3-7**）で分泌され、毛包内に沿って排出されて皮膚表面や毛にうるおいを与えています。そのため、加齢によって分泌量が低下すると、髪のうるおいも低下するのです。さらに、毛のうねりも、毛小皮の紋理が不均一となり毛髪への光が乱反射するため、ツヤがなくパサついたように見える原因となります。

⑤白髪

毛髪の色は、毛母に点在する色素細胞がつくるメラニン色素によって現されますが、このメラニン色素が消失すると、白髪になります。直接的な原因は、色素細胞の枯渇や機能不全によるものと考えられています。なお、加齢による白髪の発生年齢は30代頃からといわれていますが、遺伝も関係しているため個人差があります。

2 健やかな頭皮と毛髪のためのケア

加齢による変化に完全に抗うことはできませんが、その出現を遅らせたり、カバーしたりすることは可能です。ここからは、健康な頭皮と毛髪を維持するための方法や、出現した毛髪の状態変化をカバーするヘアケア方法について紹介します。

1 健康な頭皮・毛髪を維持するために

①規則正しい生活習慣

不規則な生活は、毛髪の成長を阻害するおそれがあります。たとえば、良質な睡眠がとれていないと毛髪の成長に必要な成長ホルモンの分泌が低下します。そのため、就寝環境を整え、良質な睡眠がとれるようにしましょう。また、食生活が不規則で偏った食事をしていると、毛髪の成長に必要な栄養素が不足してしまいます。毛髪の成長にはタンパク質や亜鉛、ビタミンA、ビタミンB群などがよいとされています。過剰摂取に注意しながら、バランスのよい食事を心がけましょう。

②ストレスを溜めない

ストレスによる自律神経の乱れは、血行不良を招きます。毛髪は血液から栄養を受けて成長しているため、血行不良は毛髪の成長を妨げる要因となります。また、ストレスは炎症等の頭皮トラブルにもつながりかねません。日々の生活の改善によって、ストレスを溜めないように工夫しましょう。

③頭皮環境を整える

前述したとおり、毛髪の成長と頭皮の状態には密接な関係があります。

頭皮の古い皮脂や汗、余分な角質（フケ）等を放置すると、その汚れが毛穴を塞いで毛髪の成長を妨げ、やがては薄毛につながると考えられます（**写真3-1**）。そうならないよう、洗髪によって頭皮を清潔に保ち、適度なマッサージやブラッシングによって血行を促進しましょう。ただし、過度な洗髪やマッサージ、ブラッシングはかえって頭皮や毛髪を傷める原因となるため、注意が必要です。

④紫外線から保護する

紫外線は、日焼けや乾燥のみならず、シミ・しわ・たるみ等、肌の老化を加速させる原因として知られていますが、頭皮や毛髪も肌同様に影響を受けます。頭皮・毛髪に対する主な紫外線対策は**表3-6**のとおりです。

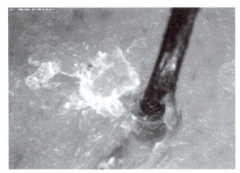
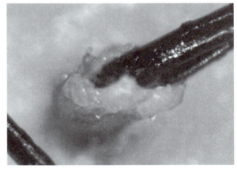

不健康な頭皮

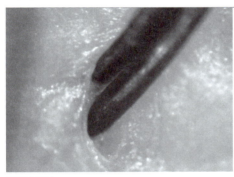
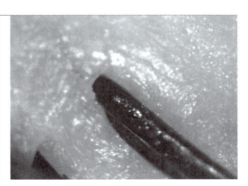

健康な頭皮

写真 3-1　不健康な頭皮と健康な頭皮

表 3-6　頭皮・毛髪の紫外線対策の例

- 日傘や帽子を利用する
- 紫外線予防のヘアケア製品を使用する（オイル、クリーム、スプレー等）
- 頭皮の一定箇所への紫外線照射を防ぐ（毛髪の分け目をずらす、束ねる等）

⑤毛髪を摩擦しない

　毛髪への摩擦は、毛小皮の損傷につながります。特に、濡れた毛髪は毛小皮が膨潤しているため摩擦の影響を受けやすい状態にあります。したがって、濡れた毛髪をこすり合わせたり、濡れた状態で就寝したりすることは避けましょう。

⑥ドライヤーやヘアアイロン使用時の注意

　毛髪に熱を与え続けると、毛髪のタンパク質変性や乾燥等によって毛がもろくなります。そのため、ドライヤーやヘアアイロンを使用する際は、当て方や時間、温度に注意が必要です。同じ箇所に長時間、高温で当て続けてはいけません。また、洗髪後はしっかりタオルドライをしたうえでドライヤーを使用し、ヘアアイロンは毛髪が乾いた状態で使用するようにしましょう。併せて、使用前にアウトバス（洗い流さない）トリートメントを塗布しておくと、ダメージを抑えることができます。

⑦ヘアカラー（酸化染毛剤）、ブリーチ、パーマに対する注意

　これらの化学薬品に含まれるアルカリ剤や酸化剤が毛髪損傷の原因となります。さらに毛髪だけでなく、頭皮にも炎症が起こる場合があります。したがって、過度の施術は避け、施術後は毛髪がアルカリ性に傾き乾燥しているため、弱酸性のシャンプーや補修効果のあるトリートメントなどでケアすることが大切です。

　なお、炎症には一時刺激性のものだけでなく、アレルギー性のものもあります。これは主に酸化染毛剤に含まれるジアミン系の染料によるものですが、症状が現れた場合は、二度と同じ染料を含んだもので染めてはいけません。

2　ヘアケアのポイント

①ブラッシング

　洗髪の前には、**表3-7**の目的のためにブラッシングすることを推奨します。ただし、過度のブラッシングは頭皮や毛小皮を傷めます。カラーやパーマ等で毛髪が傷んでいる場合は、目の粗いブラシやコームを用いましょう。

②洗髪前の予洗

　38 ～ 40℃のお湯でしっかりと予洗すると、この段階で汚れの大部分を落とすことができます。

表 3-7　ブラッシングの目的

・毛髪のもつれをほぐす ・抜けるべき毛や汚れ、ほこりを取り除く ・頭皮汚れを浮かして落としやすくする ・頭皮の血行を促進する

③シャンプー剤の選択

シャンプー剤には、洗浄成分として界面活性剤が使用されています。種類によって特徴が異なるため、それぞれのメリット、デメリットを考慮し、自分の頭皮や毛髪に合ったものを選ぶとよいでしょう。代表的なものは**表3-8**のとおりです。

表 3-8　シャンプー剤の種類とその特徴

高級アルコール系	洗浄力は高いが刺激性がある
アミノ酸系	高級アルコール系よりも洗浄力は劣り気味だが低刺激
石鹸系	洗浄力は高いが毛髪に軋みやごわつきが残りやすい

④洗い方

頭皮は、傷つけないように指の腹を使って優しくマッサージします。このとき、スカルプブラシを使用するのもよいでしょう。

また、毛髪については、毛髪同士をこすり合わせるのではなく、シャンプー剤の泡で汚れを落とすようにしましょう。

⑤シャンプー剤のすすぎ

フケ、かゆみ、炎症等の原因となるため、頭皮や毛髪にシャンプー剤が残らないようにしっかりとすすぎます。

⑥トリートメント・コンディショナーの塗布

すすぎ後の水気を切り、傷みやすい毛先を中心にトリートメント・コンディショナーを塗布して全体になじませます。塗布後は目の粗いコームやスカルプブラシ等で毛先から順に梳かし、5分前後放置して毛髪内部への浸透を促します。

頭皮用（スカルプ）トリートメントの場合は、頭皮にも塗布してマッサージします。また、白髪用カラートリートメントの場合は、根元部分にも塗布します。各種トリートメントの使用方法を確認し、適切に使用してください。

⑦トリートメント・コンディショナーのすすぎ

余分なトリートメント・コンディショナーが残らないように頭皮、毛髪を丁寧にすすぎます。

⑧タオルドライ

洗髪後は、摩擦に注意しながらしっかりとタオルドライします。この段階で水分を除去しておくことで、ドライヤーの熱を当てる時間が短縮されます。

⑨スカルプエッセンスの塗布

タオルドライ後、頭皮にスカルプエッセンスを塗布し、頭部全体を優しくもみほぐすようにマッサージすることを推奨します。これにより血行が促進され、発毛や育毛、また頭皮の保湿効果等が期待できます。

スカルプエッセンスには、男性用、女性用、男女兼用のものがありますが、その理由は、男性と女性では薄毛の原因が異なるからです。それぞれの対策に応じた成分が配合されているため、個々の目的に合ったエッセンスを選びましょう。なお、発毛剤はヘアサイクルの関係上、最低でも3〜6か月使用しなければ効果は現れないとされています。

⑩アウトバストリートメントの塗布

アウトバス（洗い流さない）トリートメントは、傷みやすい毛先を中心につけ、残りを全体に塗布します。アウトバストリートメントには、オイル、クリーム、ミルク、ミストなどさまざまなタイプのものがありますが、毛髪の状態や用途に応じて選んでください。タイプの異なるものを混ぜて使用することも可能です。

⑪ブロードライ

毛髪を濡れたまま放置すると、頭皮の雑菌繁殖だけでなく、クセ毛に対するスタイリングも困難になります。**表3-9**の手順に沿って、ドライヤーですぐに乾かすようにしましょう。

表3-9　ブロードライの手順

手順	手順の補足
①事前に目の粗いコームで毛髪全体を梳かしておく。 ②根元部分から乾かす。 ③ドライヤーは根元から毛先に向かって（毛小皮の方向に沿って）当てる。 ④ドライヤーは毛髪から20cm程度離し、同じ箇所を加熱し続けないようにする。 ⑤半乾きの状態になったらブラシを用いてブローする。 ⑥形が整ったら冷風で完全に冷ます。 ⑦パサつきの気になる箇所があれば、再度アウトバストリートメントを塗布し、仕上げる。	①これによって毛髪がまとまりやすくなる。 ②ボリュームを出したい箇所は根元を立ち上げながら、毛流れを変えたい箇所は根元部分から変えたい方向へ、テンションを加えながら乾かすと理想のヘアスタイルをつくりやすくなる。 ⑤難しい場合はブラシ付きのドライヤーを使用するのもよい。 ⑥冷ますことで開いていた毛小皮が締まり、毛髪の形状も固定される。

3　頭皮・毛髪の状態による対策

前述の基本的なケアのほかに、頭皮や毛髪の状態によって次のような対策も考えられます。

①薄毛

・ヘッドスパ施術によって頭皮環境を整える

→昨今では、効果的な頭皮洗浄が期待できる家庭用シャワーヘッドも販売されています。

・増毛エクステンション、ウィッグ・ヘアピース等によってカバーする
　→いずれもさまざまな種類があるため、特徴を理解したうえで自分に合ったものを選びましょう。なお、増毛エクステンションは訪問施術が可能なサロンもあります。

・医療機関（皮膚科）で治療を受ける

・頭皮にアートメイクを施し、カバーする
　→医師または看護師の有資格者のみ施術可能な技術です。種類によっては施術後MRI検査が受けられないものもあるため、施術先への確認が必要です。また、施術後はダウンタイムを要します。

②ボリュームダウン

・根元の角度を上げてヘアカーラーを巻く
　→事前にスタイリング剤を塗布しておくとキープしやすくなります。また、巻いたカーラーは、毛髪が完全に乾燥し冷めてから外します。

・パーマをかける

③クセ毛

・ヘアアイロンを使用する
　→ドライヤーだけでクセを取ることが難しい場合に使用します。ヘアアイロンによって毛小皮の状態も整いツヤが出ます。ただし損傷防止のため、設定温度は毛髪の状態に応じて調節しましょう。

・縮毛矯正やストレートパーマをかける
　→施術料は高めですが、特に梅雨時期のストレスが軽減されます。

④白髪

・染める（ヘアカラーのタイプ別分類は表3-10参照）

・増毛エクステンションによって白髪の比率を下げ、目立たなくする

・グレイヘア（白髪）でおしゃれを楽しむ

第2節　ヘアケアとヘアスタイル

表 3-10　主なヘアカラーの種類

分類	種類	特徴	薬機分類
永久染毛剤	酸化染毛剤 （1剤、2剤混合）	・毛髪内部まで染まる ・アレルギーを発症する場合がある ・毛髪を傷めるおそれがある ・色持ちは約2～3か月程度	医薬部外品
半永久染毛料	ヘアマニキュア 酸性カラー	・毛髪表面から毛小皮の内側に染まる ・皮膚に付着すると落ちにくい ・色持ちは2～4週間	化粧品
	カラートリートメント	・毛髪表面から毛小皮の内側に染まる ・日々の使用によって徐々に染まる ・トリートメント効果がある	
一時染毛料	カラースプレー ヘアマスカラ カラースティック等	表面への付着のため1回のシャンプーでほぼ落ちる	化粧品
その他 植物性染毛料	ヘナ	・トリートメント効果がある ・色味が限られている	化粧品

第③節 フェイシャルケアとメイク

1 加齢による顔の形状への影響（目・口・皮膚・輪郭など）とメイク

　加齢とともに顔の形状も変化します。そして、毛髪同様にストレスによっても影響を受けます。

　加齢に伴う顔の形状の変化にも個人差はありますが、一般的には肌のたるみやしわ、眼や口元、頬の形状の変化が該当します。こうした変化が起こる理由を理解し、健やかに見えるメイクのポイントを見ていきましょう。

1　加齢による変化とメイク

①肌のたるみとしわ

　加齢により皮膚の機能が低下すると皮膚は薄くなります。また、皮膚の水分量を保持しにくい状態が続けば小じわができます。深いしわは紫外線などの光によって真皮のコラーゲンが分解されて生じます。これを光老化と呼んでいます。また、顔の表情筋の動きによって真皮の構造が変わり、これを毎日繰り返すことで固定じわができます。

　水分量の減少で起こるしわに対しては、硬くなった角質のケアと保湿により、ある程度改善できます。光老化のような深いしわや固定じわは、メイクアップでカバーするのは難しく、ひび割れたような仕上がりになるため、厚塗りは逆効果となります。むしろハイライトなどによって明るく仕上げるほうが目立ちにくくなります。肌のたるみは、表皮、真皮、皮下組織の成長が止まり、脂肪組織や筋肉の体積が小さくなることで起こり、しわとも関係しています。

　現在は、ボトックス注射やヒアルロン酸の注射などによって、しわやたるみをなくそうとする人もいますが、メイクで厚塗りをしてしまうのと同様に、しわやたるみは隠すべきものと考えてしまうことが、過剰に外見を気にしてしまう要因となります。むしろ、生き生きとした表情でいることのほうを大切にしたいですね。

②肌のくすみ

　肌の色は、表皮のメラニンや真皮の血管の血液などの色、つまり血色が影響するた

表 3-11　化粧下地の色とその効果

化粧下地の色	効果
ピンク	・血色感を与え、ツヤのある華やかな印象になる
グリーン	・赤みを抑える ・小鼻や頬、ニキビ跡をカバーする
パープル	・黄色みや赤みを抑える ・自然な透明感と血色感を与える
ブルー	・黄ぐすみを抑える ・透明感を演出する（陶器肌）
オレンジ	・クマやシミ、茶ぐすみといった肌ムラを抑える ・健康的な印象を与える
イエロー	・くすみや色沈み、色ムラを自然にトーンアップする ・素肌感を与える

め、血色が悪いと肌色の彩度が失われ、淡いオレンジ色である肌色は茶色がかってきます。これが、一般的にくすみといわれるものです。ただし、化粧下地で血色を足し、健康的な肌色に見せることは比較的容易です（表3-11）。また、ファンデーションやチークを自分の血色に合わせた色にすることで自然な血色にすることもできます。

③肌の悩み

　肌の滑らかさが減少したり、ツヤが減少して肌の透明感が失われたりするなど、年齢とともに肌の悩みは多くなります。これらの対策としては、スキンケアを適切に行うことが重要です。

　年齢によって隠したいものが増えると、ベースメイクアップがどうしても厚くなりがちです。ところが、厚くすればするほど、ツヤが減少した肌に見えてしまうことになります。ベースメイクアップ化粧品は、通常は液体、もしくはクリーム状のものをパウダーで固定させるというプロセスをとることが多いですが、パウダーの量を減らすことで、ツヤ感があまり失われずに済みます。

④そのほかの肌トラブル

　肌の新陳代謝のスピードが低下すると、皮膚トラブルの改善に時間を要するようになります。化粧ばかりでなく、代謝を活発にする運動などの生活改善も効果的です。

・肝斑

　紫外線や女性ホルモンの乱れなどが原因といわれ、頬に多くできます。ビタミン剤の摂取やレーザー治療などで改善が可能ですが、洗顔時にこすりすぎるなど強い刺激を与えると、かえって悪化させるため気をつけましょう。シミ、そばかす、肝斑はコンシーラーでカバーできますが、明るい色を使うと目立たせてしまうことがあるため、周りの肌色より一段階暗めで、少し赤みを帯びた色でカバーするとよいでしょう。

- 肌色の均一性の低下

　肌色の均一性が低下すると、顔の場所によって肌の色が違って見えるようになります。念入りなベースメイクアップで目立たなくすることはできますが、年配の人にとっては面倒な作業となります。隠したいと考えるより、自分の肌に合った化粧品を選ぶことで、化粧する楽しさを感じられることが重要です。

- 化粧品のノリ（定着）の低下、化粧くずれ

　スキンケア化粧品が吸収されづらくなるため、ベースメイクアップ化粧品やカラーメイクアップ（ポイントメイクアップ）化粧品のノリ（定着）が悪く感じるようになります。また、体調の変化が肌に表れやすくなり、更年期障害から生じる極端な発汗で化粧が崩れることもあります。肌の状態は食生活やサプリメントの摂取、健康的なライフスタイルなどによる影響を受けるので、肉体的、精神的に健康な状態を保つことがメイクアップ以上に大切です。

2　目元、口元、頬のメイクのポイント

①目元

　目元の印象は、前述した生き生き感に関わります。一般的に、鏡を見るたびに目につく部分は、特に目の周りのしわやたるみではないでしょうか。瞼のたるみは、生き生き感を下げる要因になります。瞼がたるむことによって、二重瞼の人は二重部分が隠れてしまい、一重瞼の人は瞼が目に被さって目が小さく見えるようになります。同様に目尻側もたるむので顔の縦中心線から外側に向かって下降線となり、その結果、たれ目に見えるようになります。

　また、瞼の皮下脂肪が減少し、皮膚のハリがなくなることで細かいしわが増え、パールやラメなど光沢感のある化粧品が使用しづらくなります。光沢感は肌の凹凸を強調するので、しわをより目立たせてしまうからです。そこで、皮膚表面にうるおいを与え、明るい色（膨張色）のアイシャドウを使って視覚上でふくよかさを表現すると、目の印象が明るくなります。

　ほかにも、白目部分が濁り黒目（虹彩）の彩度が低下するため、白目と黒目のコントラストが弱くなります。その場合は、アイライナーを引きメリハリのある印象に見せるとよいでしょう。また、血流の低下からくる色素変化、皮下脂肪の減少による形状としての落ちくぼみ、涙袋のたるみなどにより、眼の下にクマができやすくなります。対策としては軽くたたく、押さえる等のマッサージによる改善、コンシーラーを使用してのカバーリン

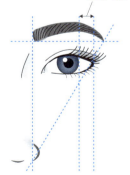

※眉山の移動の目的は、「顔型の視覚的補正」「求めるイメージ」「トレンド」など

図3-8　眉の基本的な描き方

グなどがあります。

　髪と同様にまつ毛も薄く、細くなります。そこで、マスカラやビューラー（睫毛カーラー）を使用しまつ毛を上向きにすると生き生き感が増します。目元を生き生きと見せるためには眉毛も重要です。余分な眉毛をカットし、眉毛を自然な形に描くと効果的です（図3-8）。

②口元

　唇の形状は、外皮だけでなく、口内の歯や歯茎の変化にも影響されます。老化により唇の皮下脂肪や水分が減少し、表情の変化に合わせた伸縮が難しくなって縦じわが増えます。このしわは唇の外側にも広がるように伸びます。そして、しわが増えることにより、口紅が唇の外側に滲みやすくなります。対策は比較的容易で、リップクリーム・リップバームなどの使用でうるおいを与えることです（図3-9）。このようなアイテムは持ち歩きができるほど小ぶりなので、外出先でもケアできます。また、日常的に口紅を使用していた人は、保湿頻度の高さにより、老化のスピードを遅らせることができます。ただし、塗りすぎると唇の角質層を傷つけやすいため注意が必要です。

- クルクル円を描くようにゆっくり塗る
- 縦じわにもやさしく塗る
- （固くなっている場合）使う前に手で少し温める

図3-9　リップクリームの塗り方

　口周りでは、口角が下がることによって唇の形状がいわゆる「へ」の字になり、表情が乏しくなりがちです。対策としては、笑顔をつくることが何よりも重要であり、これは、ほうれい線対策にもなります。口角を上げるエクササイズ等を行うことも大切です。

③頬

　加齢によって頬の血行が悪くなり頬の赤みが低下すると、皮膚のくすみにより顔の色ムラ感が強くなります。そのような場合は、頬紅（**チークカラー**）を効果的に使うことで、若々しい印象になります。ただし、チークカラーの選び方と使い方には注意が必要です。チークが濃すぎるなど、使い方によっては印象が悪くなることもあります。一般的には、頬の筋肉の上にチークを入れます。また、目の周りの血行をよく見せるには眉骨に、額とこめかみの

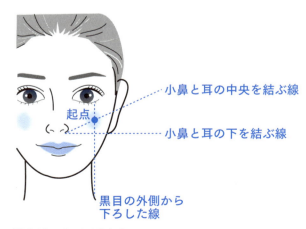

図3-10　チークの入れ方

高低差を目立たなくするには眉から髪の毛の生え際にかけて、とがった顎先を柔らかく見せるには顎先に、自分の血色に合ったカラーをふんわりと入れます（図3-10）。

2　健やかさを保つフェイシャルエステティック

1　フェイシャルエステティックの基礎知識

①エステティックとは

エステティックという言葉は、ドイツの哲学者であるバウムガルテン（Alexander Gottlieb Baumgarten）が著書『Aesthetica（美学）』のなかで「美とは人間に満足や快感を与える対象である」と定義し、美を「エステティック」と呼んだのが始まりとされています。日本では、1905（明治38）年に美容家である遠藤波津子が「美顔術」として提唱したケアが、現在のようなエステティックにつながっているといわれています。

エステティック業は、2002（平成14）年に日本標準産業分類においてサービス業として分類され、「手技又は化粧品・機器等を用いて、人の皮膚を美化し、体型を整えるなどの指導又は施術を行う事業所」と定義されました。

日本におけるエステティック単体の資格は民間資格であり、美容師のような国家資格ではありません。しかし、エステティックは直接利用客の肌に触れるため、高い知識と確かな技術、利用客から信頼を得るためのおもてなしを学ぶことが重要です。

世界に目を向けると、エステティック資格の扱いはさまざまです。エステティックの発祥の地であるフランスでは国家資格となっており、イギリス、オーストラリア、韓国でも同様です。アメリカではエステティックの州資格が存在しています。

エステティックは、施術の対象者によって3種類に分けられます（表3-12）。

表 3-12　エステティックの種類

ソワンエステティック	健康な人を対象としたエステティック。「ソワン」は、フランス語で「気配り・気遣い」などの意味がある
メディカルエステティック	健康な人を対象に、美容皮膚科など医療機関で行うエステティック。医師の指導のもとに行う
ソシオエステティック	医療、介護福祉施設、緩和病棟などで医療者や施設のスタッフと協力して行うエステティック。社会的、精神的、肉体的な困難を抱えている人を対象とするため、医療、福祉、心理などの専門的な知識と高度なコミュニケーション力が求められる

②エステティックの効果

エステティックの施術は、血液、リンパ液の流れをよくし、新陳代謝を高め、体内の循環をよくすると考えられています。それによって栄養の供給、老廃物を排泄するはたらきを促し、結果として肌の調子を整え、皮膚を健康的に保つことが期待されます。

直接肌に触れることで、筋肉に作用して凝りなどの筋疲労を減らすだけでなく、リラックス効果も高いとされています。エステティック施術中に思わず寝てしまったという人もいるのではないでしょうか。エステティック中は心拍数が減少し、エステティック後は、緊張がほぐれてエステティック前より血圧が低下するなど、深いリラクセーション効果を得られることがわかっています。

③フェイシャルエステティックの定義と目的

エステティシャンが行うエステティックの施術内容は、フェイシャルエステティック、ボディエステティック、ワックス脱毛、ネイル、メイクなどがありますが、本節ではフェイシャルエステティックを中心に説明します。

フェイシャルエステティックとは、主に顔から首または顔からデコルテまでの範囲を集中してケアすることを示します。また、フェイシャルエステティックサービスの一環として頭皮を含む部位のケアを取り入れることもあります。

フェイシャルエステティックを行う目的は、毛穴ケア、肌のハリ・ツヤ、シミ・そばかす改善、しわの改善など、年代や性別、用途によって変わりますが、「肌ケアをすることで、健康的で美しい肌になりたい」といった要望が根底にあるといえます。

2　加齢による変化

フェイシャルエステティックには、毛穴や皮膚の汚れや角質の適切な除去とマッサージ効果が期待されます。ここではマッサージ効果について見ていきましょう。

骨格筋は、骨と骨をつなげ身体を動かすための筋肉です。この骨格筋に属する、顔を動かすための筋肉を表情筋といい、骨と皮膚をつなげることで細やかな表情をつくっています。骨格筋は全身に約400種類あるといわれていますが、表情筋は顔だけで20種類以上あります（**図3-11**）。

筋肉は動かすことで代謝を上げ、血行を促進するなどの効果があります。特に、表情筋は皮膚についているため軽く皮膚を動かすことで筋肉が動きます。マッサージは、血流だけでなくリンパ液の流れにも影響するため、リンパ管の走行、流れ（**図3-12**）を把握しておくことが重要です。

3　ケアの目的と方法 （リスクマネジメント）

高齢者へのフェイシャルエステティックの効果を最大限に引き出すためには注意が必要です。高齢者の肌は、若い肌と違って弾力が乏しいうえに非常に薄く、表面は何事もなくても内出血をしていることもあります。

高齢者は免疫力の低下から感染症にかかりやすいため、利用客へ感染させないだけでなく、エステティシャン自身も感染しないために、使用する備品、化粧品、手指などの消毒はもちろん、自分の健康管理も必要です。もちろん、施術前に利用客が感染

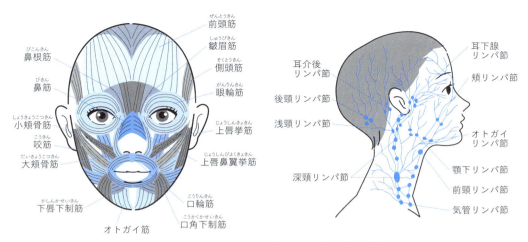

図 3-11　表情筋　　　　　　　　　　　　図 3-12　リンパ管の走行

症にかかっていないかを確認し、発熱している場合や感染症にかかっている場合は、施術を中止する必要があります。高齢者にエステティックの施術を行う際は必ずカウンセリングを行い、以下のようなことに注意し、リスクマネジメントの意味も含めて、場合によっては施術を中止してください。

表 3-13　高齢者向けフェイシャルエステティックの禁忌事項

症状	注意点
皮膚疾患（感染症）、ひどい吹き出物がある	口唇ヘルペスなどウイルス感染によるものは、施術によって他の部位に感染を広げ、また他者に感染する可能性もあるため中止する。ニキビ（尋常性ざ瘡）や吹き出物で黄色く化膿しているものや炎症を起こして赤く痛みを伴うものは、悪化させてしまうおそれがあるので、触らないようにする。あまりにも皮膚の状態が悪い場合は、皮膚科の受診を促す。
傷や肌あれがある	摩擦や刺激によって悪化するおそれがあるため、その部位は避ける。突起しているイボや黒子も、強くこすって傷つけ出血させる可能性があるため避ける。広範囲にある場合は、施術が逆効果になるおそれがあるため中止する。 ※施術による傷だと思われないよう、本人が気づいているか否かにかかわらず、必ず施術前に本人に申告し、肌の状態を確認してもらう。
心臓病がある、ペースメーカーが入っている	血液循環がよくなると心臓に負担がかかるおそれがあるため、一般的には施術は行わない。ただし、施術範囲が狭く、刺激のない内容ならば、施術前に主治医に施術が可能かどうかを確認してもらう。ペースメーカーが入っている場合は、電気を使用した施術で誤作動を起こすことがあるため行わない。
発熱、体調不良	体調の悪化や他者への感染のおそれがあるため中止する。当日の体調や発熱の有無について必ず聞くこと。リンパ節に異常な腫れがあるときは、細菌やウイルスが影響している可能性があり、施術によって血流がよくなることで体内に細菌やウイルスを広げてしまうおそれがある。
日焼け直後	熱をもっていて軽い火傷状態になっていることがある。その場合は皮膚が炎症を起こしているため、肌は冷やして鎮静するだけにとどめ、エステティックは熱感がなくなってから行う。ただし、その場合も刺激の強いものは避ける。

4 手順

　一般的なフェイシャルエステティックの手順は、以下の①〜⑤のとおりです。この手順では、電気機器を使用していませんが、高齢者のフェイシャルエステティックに使用する場合は、使用方法を守るのはもちろん、出力を通常よりも低めにし、心地よさを感じる程度にしてください。衰えた肌は、伸びやすくて傷つきやすいため、ブラシクレンジングや吸引などは、特に気をつけるようにしましょう。

①クレンジング

　メイクアップや皮膚表面の汚れなどを落とします。

　肌タイプ別にクレンジングを選ぶことも必要ですが、高齢者にはなるべく刺激が少なく、かつ、メイクがしっかり落ちるものを選びましょう。メイクをしていない人には、拭き取り用クレンジングローションを使用してもよいですが、拭き取る際の力加減に気をつけ、優しく触れるようにしましょう。

②ディープクレンジング

　クレンジングだけでは落としきれない、毛穴につまった汚れを落とし、余分な皮脂を取り除きます。

　電気機器以外では、酵素洗顔やピーリング剤を使用する場合があります。酵素洗顔は、塗布中の顔にスチーマーをあてることが多いですが、過度に近づけず40〜50cmほど離し、施術中も肌の変化に気をつけてください。

　ピーリング剤は、ある程度乾いてからこすっていきますが、高齢者の皮膚は薄いため強くこするのはなるべく避けます。ピーリング剤が乾く前にウェットコットンなどで拭き取りましょう。

③フェイシャルマッサージ

　フェイシャルマッサージによって、血液とリンパの循環を活発にしていくことが期待できます。多くのマッサージは、軽擦法、強擦法、揉捻法、打法、圧迫法、振動法の6種類の組み合わせで成り立っています（**表3-14**）。求める効果や施術を行う対象に合わせ、それぞれを組み合わせることで、より効果的に行いましょう。このうち、高齢者へ揉捻法、打法を使用する際は、注意しながら軽いタッチで行ってください。強擦法は筋肉や脂肪がついている箇所にはよいですが、皮膚が薄くなっている箇所は避けましょう。

　また、肌との摩擦を最小限にするため、必ずフェイシャル用のマッサージ剤を使用しましょう。植物から抽出した精油（エッセンシャルオイル）をフェイシャルマッサージに使用する際は、必ずキャリアオイルに精油を混ぜ（濃度は2%以下）、精油の浸透を促すために軽擦法を中心に行ってください。

表 3-14　マッサージ法の種類

マッサージ法	方法
軽擦法	・手掌を皮膚に密着させて行う。 ・ゆっくりとしたリズムで行う。
強擦法	・皮膚深部を意識して行う。 ・軽擦よりも体重を利用してやや強めに行う。
揉撚法	・結合組織や筋肉をもみほぐすように行う。
打法	・皮膚に対して垂直に刺激が加わるように行う。 ・手首の力を抜いてリズミカルに行う。
圧迫法	・手掌や指腹を皮膚に垂直に当てて行う。 ・呼吸に合わせ、ゆったりとしたリズムで行う。
振動法	・細かくリズミカルな振動を与える。

④フェイシャルパック

　汚れを吸着させ、有効成分を肌へ浸透させやすくすることができます。パックには、拭き取りタイプ、ピーリングタイプ、シートタイプ等があります。拭き取りの際はゴシゴシと力任せに拭き取るのではなく、ウェットコットンやスポンジで優しく拭き取りましょう。拭き取りの際に使用するコットンやスポンジに適切な量の水分を含ませることで、肌への負担を減らすことができます。ピーリングタイプは、剥がすときに肌に刺激を与えてしまうこともありますが、ゲルタイプのものを選べば肌に負担をかけません。シートタイプは利便性が高く、最も肌に負担がかからないものですが、長く顔に置いていても成分の浸透率が上がるものではありません。製品ごとに指示されている適切な放置時間を守ってください。

⑤整肌

　化粧水、乳液、美容液やクリームなどを使用することで、皮膚の水分と油分を補い、皮膚を保護します。日中のフェイシャルエステティックの場合は紫外線防止剤を塗布することもあります。

　最後に、肌の状態がフェイシャルエステティックによってどのように変化したかを説明し、自宅でできるケアをアドバイスしましょう。自分で肌を触ってもらい、鏡を見て変化を確認してもらうのもよいですね。

》TOPICS 4

フェイシャルマッサージ効果の見える化

　加齢とともにできるしわやたるみの主な原因として、乾燥や血行不良などが挙げられます。それらを解決するために、フェイシャルマッサージによって血行の改善や老廃物の回収を行っています。このようなマッサージの効果は、マッサージ前後の2枚の顔写真を比較するだけでは、わかりづらいものです。マッサージによる顔の変化が定量的にわかるような方法があれば、フェイシャルマッサージの効果や意義を理解できるはずです。

　エンジニアリングの分野では、物体の変形を評価することで機械や構造物の信頼性の評価を行います。この変形の評価方法として、変形前後の画像を用いるデジタル画像相関法（Digital Image Correlation）があります。この方法をマッサージ前後の顔の画像に用いることができれば、マッサージによる顔面の変化がわかります。

　デジタル画像相関法によって物体の変形を測定するためには、測定の対象表面にランダムな細かい模様が必要になります。エンジニアリングの分野では、測定対象は金属やプラスチック、コンクリートでできた物体ですので、スプレー塗料などで自由にランダムな模様を塗布して測定することができますが、顔面にはそのような方法を用いることはできません。

　そこで考えられたのが、紫外線照射による「シミ」です。皮膚に紫外線を照射すると、普段は見えないメラニン色素によるシミが浮き出て見えてきます。**写真3-2**は顔面皮膚の写真ですが、左は通常の白色光源下で撮影したもの、右は紫外線を照射して撮影したものです。右の写真は、メラニン色素によるシミがよく観察できます。このシミをランダム模様として利用し、撮影すれば、マッサージによる顔面の変化をデジタル画像相関法によって見える化することが可能です。

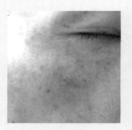 

通常の白色光源下での皮膚表面　　紫外線を照射してシミが浮き出て見える皮膚表面

写真3-2　通常の白色光源下での皮膚と紫外線を照射した皮膚

　写真3-3は、紫外線を照射したマッサージ前後の顔面の画像からマッサージ効果を調べた結果です。これらの写真では、マッサージによる顔面の変化を矢印の長さと方向で表しています。左の被験者Aは目の下は下方向、頬は左右外側に変位しています。つまり、顔面は上下方向には縮小し、左右方向には広がっていることがわかります。一方、右の被験者Bは、目の下は被験者Aと同様に下方向に

変位していますが、頬はあまり変位していません。この場合、上下方向には被験者Aと同様に縮んでいますが、左右方

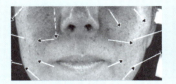 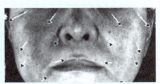

被験者A　　　　　　　　被験者B

写真 3-3　マッサージによる顔の形状の変化

向にはあまり変化がないことがわかります。マッサージの効果は人それぞれですが、このような方法で可視化することでそれがよくわかることと思います。

参考文献
・砂村文香・番場汐美・張月琳・有川秀一・米山聡・本波香織・松嶋高志・沼田忠「紫外線画像相関法を用いた顔面の変位・ひずみ測定によるマッサージ効果の評価」『日本実験力学会講演論文集』第 17 号、pp.143–144、2017 年

第 ④ 節 装い

1 装いの多様性

　装いは、異なる文化、生活環境や多様な価値観などによってさまざまに表現される
ものです。
　近年、低価格に抑えた衣服を短いサイクルで世界的に大量生産し販売する**ファスト
ファッション**が広く認知され、つくる過程や廃棄による環境への負荷、労働力の問題
などといった課題はあるものの、誰もが手ごろな価格で装いを楽しめるようになりま
した。また、SNSの発展により、ファッションに関する情報もグローバルに入手でき
るようになり、私たちの装いの選択肢は広がっています。また、近年の多様性（ダイ
バーシティ）の浸透はファッション業界に大きな影響を与えています。トレンドを発
信するパリ・コレクションでは、人種や性別を超えたジェンダーレスなファッション
が増え、さまざまなブランドでプラスサイズモデル、シニアモデル、車いすモデルが
登場しています。そして、私たちの身近なファッションブランドでも、豊富なデザイ
ンやサイズが展開されており、幅広い年齢層で衣服が購入しやすくなりました。人々
のファッションに対する意識も変化し、ラグジュアリーなトレンドからファスト
ファッション、古着まで、年齢に関係なくあらゆるファッションを自由に取り入れら
れる時代となっています。

1　人はなぜ装うのか

　人が装う理由を、人間の欲求を満たす行動から考えてみましょう。
　アメリカの心理学者マズロー（Maslow,A.H.）は、**欲求階層説**を提唱しました（**図
3-13**）。人間の欲求はピラミッド型の5つの階層に分類され、下位の基本的な欲求が満
たされると上位の欲求が現れ、その欲求を満たすための行動をとるとされています。
この理論は、主に経営・マーケティングといったビジネスに応用されていますが、こ
こでは「装い」を例にして、人が装う理由（欲求を満たす方法）を示します。

表 3-15　欲求階層説と装いの関係

欲求	解説	装いとの関係
生理的欲求	生命維持に必要な基本的欲求（食事、睡眠、空気、水など）	衣服により暑さや寒さを防ぎ、体温調節を助ける
安全欲求	安全・安心への欲求（住居、健康、雇用の安定、法的保護など）	衣服により紫外線、雨風、害虫や転倒などによる外傷を防ぐ。さまざまな菌やウイルスから身体を守る
社会的欲求	集団に所属したい、仲間を得たいという欲求（友情、家族、所属集団など）	他の人と同じ、もしくはその場に合った衣服によって集団になじむ。衣服により社会的規範を守り、他者とのコミュニケーションを円滑にする
承認欲求	他者からの尊敬や自己尊重を求める欲求（自尊心、他者からの評価、地位、名誉など）	流行の衣服、魅力的な衣服によって他人から褒められる。他者との差別化を図り自らも満足する
自己実現欲求	自己の潜在能力を最大限に発揮し、自己を実現する欲求（自己成長、創造性、達成感など）	好きな装いでやりたいことを楽しむことができる

かつて、人類が衣服を着るようになった理由は、生理的欲求や安全欲求によるものでした。それが長い年月を経て、装いの目的は、高次の社会的欲求や承認欲求、自己実現欲求へと移ってきました。装いが多様化し、承認欲求や自己実現が注目されることも多いですが、高齢者の装いは、加齢による身体の変化に対応した低次の欲求を満たすための、身体的な側面に配慮する視点も必要になります。

一方で、生理的欲求や安全欲求さえ満たされていればどのような装いでもよい、という人もいるかもしれません。装いが押し付けにならず、個人の欲求に合わせた自己表現になることが望まれます。

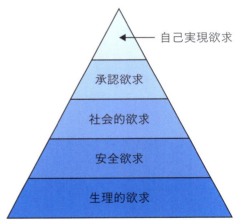

図 3-13　マズローの欲求階層説

2　加齢による装いへの影響

一般的に、年齢を重ねることでそれまでの装いが合わないと感じることや、衣服の選択が変化することがあります。それは加齢による体型や姿勢の変化、また運動機能や生理機能の低下によるものや、衣服に対する好みや価値観が変わることなどが理由と考えられます。加齢により髪色や肌色も変わるため、似合う色やデザインも変化します。また、仕事の内容や働き方など、生活環境や趣味などが変わることで、ビジネスライクな装いからカジュアルやスポーティーな装いに変化するなど、装いの目的が変化することも理由の1つであると考えられます。加齢による装いの変化は多様で、

個人による違いが大きいですが、加齢に対応した新しい装いを探ることは自らの新しい発見となり、生活をより豊かに、快適に過ごすきっかけとすることが期待できます。

ここでは加齢による装いへの影響について、具体的に紹介します。

1　体型や姿勢の変化への対応

厚生労働省「令和元年国民健康・栄養調査」では、2019（令和元）年の「BMI（Body Mass Index）」を基準としたやせ〜肥満者の割合が次のように示されています。BMI18.5未満のやせの割合は少なく、多くはBMI18.5以上25未満の普通体型に分類されます。肥満者の割合を図3-14に示します。男性は40代の39.7%をピークに、年齢が上がるにしたがって肥満割合が下がり、女性は20代の8.9%から年齢とともに上がりますが、60代の28.1%がピークとなり、70歳以上では26.4%と若干下がっています。肥満者の割合を見ると年齢による体型の変化傾向や、体型変化による装いへの影響が想定できます。

また、大手下着メーカーのワコールが所持するワコール人間科学研究所では「日本人女性の加齢による体型変化」に関する調査を行っています。1950年代に生まれた約1800人の女性の体型を45年間（1964（昭和39）〜2009（平成21）年）にわたり経年調査した結果、30代以降に太くなり、ウエスト周径と腹部周径の変化が最も大きいこと（25年間でウエスト周径が10cm太くなり、腹部周径はバストと同じ太さになる）、体重は25年間で5kg重くなるという結果が示されています。また、加齢による体型変化は、単に

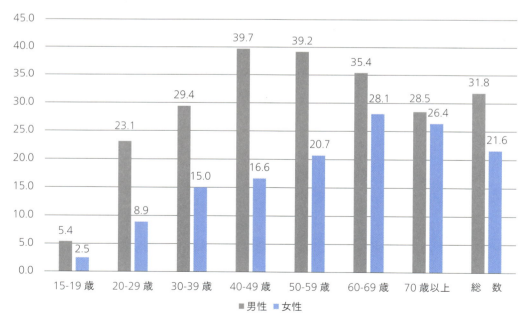

BMIは、世界共通の肥満度指標。「体重（kg）÷（身長（m））^{2}」で算出し、25以上を肥満とする。

図3-14　肥満者（BMI25以上）の割合
出典）厚生労働省「令和元年国民健康・栄養調査」をもとに著者作成

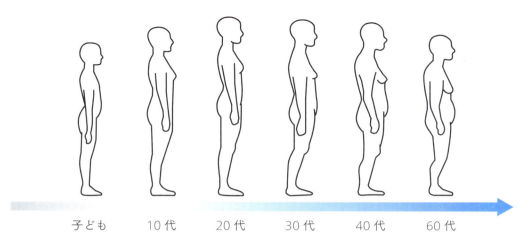

図 3-15　年齢に伴う女性の体型の変化

太る変化ではなく形の変わる変化であると分析しています（図3-15）。

　これらのことから、体型変化により衣服の選択が必要になる人が増えることがわかります。しかし、サイズ展開が少ないブランドもあるため、衣服の選択肢が減る可能性も高くなります。一方で、サイズが大きければよいというわけではなく、体型に合っていてなおかつ動きやすく、身体のラインをカバーするようなゆとりのある衣服が求められるため、加齢により変化した体型や姿勢に合う衣服を探すことが難しい場合があります。高齢者の体型に対応する既製服のサイズについては、合わないと感じている人が一定数おり、特に女性に多い具体的な意見としては、デザインが気に入っても自分に合うサイズがない、ウエストやヒップにゆとりがない、上半身と下半身のサイズが違う、衣服の裾や袖などの丈が合わない、といったものがあります。

　経済産業省は2023（令和5）年3月に「衣料品のサイズに関するJIS」の改正を行いました。表3-16の色がついた部分が新たに追加され、サイズ展開が広がりました。また男女兼用サイズの範囲表示も追加されています。

　改正の理由は、インターネット販売などの購入形態の多様化や、消費者選好の多様化、また日本人の長期的な体型変化やインバウンド消費の増加といった環境変化とされています。SS/3L/4L/5Lサイズ及び男女兼用サイズが追加されたことで、高齢者にとっての衣服の選択肢が広がっていくことが期待されます。

2　運動機能の低下への対応

　加齢により骨や筋力が弱くなり運動機能が低下すると、衣服の着脱動作に影響が出てくる場合があります。近年は健康志向が高まり、適度な運動習慣や適切なエクササイズなどによって運動機能を維持している人が多くなりました。また、体型に配慮したゆとりのある衣服やサイズ展開の広がりによって着脱しやすい衣服も増えていま

表3-16　衣料品のサイズに関するJIS

成人男子用衣料のサイズにおける範囲表示（チェスト及びウエストによる表示）

単位　cm

呼び方		SS	S	M	L	LL	3L	4L	5L
基本身体寸法	チェスト	72〜80	80〜88	88〜96	96〜104	104〜112	112〜120	120〜128	128〜136
	ウエスト	60〜68	68〜76	76〜84	84〜94	94〜104	104〜114	114〜124	124〜134
	身長（参考）	145〜155	155〜165	165〜175	175〜185		175〜		

【出典：JIS L4004 表16】

成人女子用衣料のサイズにおける範囲表示（身長154cm〜162cm）

単位　cm

呼び方		SS	S	M	L	LL	3L	4L	5L	6L
基本身体寸法	バスト	65〜73	72〜80	79〜87	86〜94	93〜101	100〜108	107〜115	114〜122	121〜129
	ヒップ	77〜85	82〜90	87〜95	92〜100	97〜105	102〜110	107〜115	112〜120	117〜125
	身長	154〜162								
	ウエスト	52〜58	58〜64	64〜70	69〜77	77〜85	85〜93	93〜101	101〜109	109〜117

【出典：JIS L4005 表15】

男女兼用サイズの範囲表示

呼び方		SS	S	M	L	LL	3L	4L	5L
基本身体寸法	チェスト・バスト	—a)	—a)	—a)	—a)	—a)	—a)	—a)	—a)
	ウエスト	—a)	—a)	—a)	—a)	—a)	—a)	—a)	—a)
	身長	—a)	—a)	—a)	—a)	—a)	—a)	—a)	—a)
注a)　基本身体寸法は、衣料の製造業者、販売業者が許容範囲とする値を表示する。									

【出典：JIS L4004 表17】

JIS（Japanese Industrial Standards：日本産業規格）は、製品、データ、サービスなどの種類や品質、それらを確認する試験方法または評価方法や、要求される規格値などを定めたものである。経済産業省が必要に応じて、JISを制定・改正している。

出典）経済産業省「衣料品のサイズに関するJIS改正」

す。しかしながら、病気や障がいなどによって生活支援や介護が必要になると、衣服が着脱しにくいと感じる人が多くなります。高齢者本人だけでなく、介護者の立場でも着脱を支援しやすい衣服設計が必要となります。

衣服を着脱しやすくするためには以下のような対応や選択が必要となります。

①ゆとりのある衣服設計

加齢に配慮し、着脱の際に動かす場所はゆとりのある設計にします。

たとえば**図3-16**のように、袖回りが大きいと、上衣の袖通しの際に腕の曲げ伸ばしが楽になります。**図3-17**のラグランスリーブのように、肩に縫い目がなく、肩から袖までひと続きで付いている袖のデザインは、袖回りにゆとりのある設計で着脱しやすいものです。

また、前があいている衣服のほうが、肩や腕を大きく動かさずに着脱することができます。さらに衣服素材にストレッチ性（伸縮性）があることによっても着脱が楽になります。

②留め具の工夫

　手指の巧緻性が低下すると、手指を使う作業がしにくくなることがあります。衣服のボタンはやや大きめで、ふちがあるもののほうがつまみやすく、図3-18のように磁石の力で合わせられるマグネットボタンであれば、手を添えるだけでボタンを留めることができます。手指の機能に合わせて留め具を付け変えたり、留め具が工夫された衣服を選択したりすることで、衣服の着脱の自立につながります。

　衣服の着脱に支援が必要になると、ボタンの代わりに図3-19のようなマジックテープを選ぶこともあります。合わせるだけで留められるため、介護者にとっては留めやすいものですが、本人にとってマジックテープは凹凸の位置できれいに合わせられない場合があります。また、洗濯の際にゴミがつきやすく、タンブル乾燥（回転させながら衣類に熱を当てて乾かす方法）に弱いなどの欠点もあります。留め具の工夫で衣服の着脱がしやすくなりますが、本人の衣服着脱の自立やデザイン性などにも配慮する必要があるでしょう。

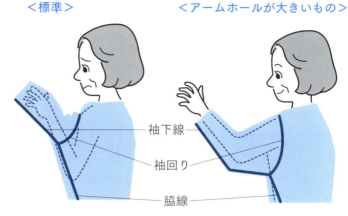

図3-16　袖回りの大きさの違いによる着脱のしやすさ

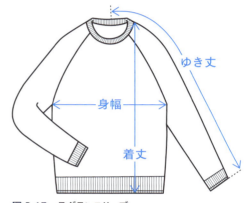

図3-17　ラグランスリーブ

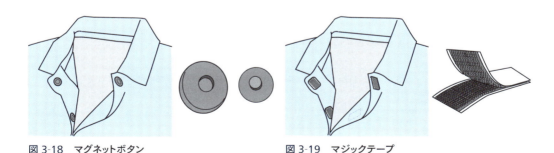

図3-18　マグネットボタン　　　　図3-19　マジックテープ

3　生理機能の低下への対応

　加齢により体温調節機能が低下すると、暑さや寒さに対する感覚が低下し、体温を適切に維持するのが難しくなります。気温の高い日に過剰に重ね着をして熱中症になったり、気温の低い日や、冷房のよく効いた部屋で薄着でいることで低体温症になったりすることもあります。

　衣服は、重ね着をするほど衣服内の空気が体温で温められて温かくなりますが、衣服の重さが負担になる人もいるため、衣服の重ね着や重さへの配慮も必要となります。また、加齢により、肌が弱く皮膚が乾燥して敏感になる人も増えますが、衣服の素材や着方をうまく調整することで、生理機能の低下を補うことができます。

　表3-17に代表的な衣服素材の特徴を示します。天然繊維の綿100%の肌着は、汗をたくさん吸収してくれますが、乾きにくいという欠点もあるため、汗をたくさんかくと衣服が湿ったままとなり、身体が冷えてしまうことがあります。また、ポリエステル100%の肌着は汗を吸いにくく静電気が起きやすいものが多いので、肌の乾燥を進めてしまう可能性があります。気温に合わせた素材の選択ができるよう、衣服の素材の種類や特徴を把握しておくことが必要です。

　近年は、大手メーカーや量販店などで衣服に機能性繊維が使われるようになり、手軽に入手できるようになりました。機能性繊維は主に石油からできたポリエステルなどの合成繊維で、吸湿性、吸水性、通気性、速乾性、抗菌性といったいくつかの機能が追加された軽くて優れた繊維です。季節や目的によって追加される機能が違い、さまざまな効果が期待できます。

　たとえば、接触冷感の機能をもち吸水速乾に優れた夏の素材や、吸湿発熱・保温の機能の優れた冬の素材などがあり、加齢による生理機能の低下を補うことが期待できます。

　ただ、吸水機能や吸湿機能が優れている素材は、敏感肌や皮膚乾燥症の人には配慮が必要な場合もあります。肌の状態を確認しながら、機能性繊維をうまく組み合わせることで快適な衣生活につながります。

表 3-17　代表的な衣服素材の特徴

綿・麻 （天然繊維）	丈夫で耐熱性・吸水性が高いが、しわになりやすく縮みやすい
毛 （天然繊維）	保温性・保湿性・弾力性に優れているが、縮みやすく虫害にあいやすい
ポリエステル・アクリル （合成繊維）	軽くて丈夫で強度があるが、静電気が起きやすく吸水性が低い（天然繊維と合成繊維が混紡された衣服は両方の欠点を補ってくれる）
機能性繊維	繊維を加工することで吸湿発熱性、吸水速乾性、接触冷感、抗菌加工、消臭機能など、優れた機能をもった繊維のこと。近年開発が進み進化している

出典）大野淑子「特集 "暮らし" を支える」『おはよう21』第 35 巻第 6 号、p.48、2024 年

> **4　髪色や肌色の変化による装いへの影響と対応**

　加齢により白髪が増え、肌がくすみ、しわやシミが増えるといった変化が起こると、似合う色やデザインが変わっていきます。地味な色より明るく華やかな色のほうが加齢による変化を補い、顔色と装いのバランスがよくなる傾向が見られます。

　好みの色を中心に**パーソナルカラー**（客観的にその人の髪や肌などの色に似合う色）を取り入れて、髪色や肌の変化に調和する色の装いを選ぶことで、明るく健康的な印象を表現することができます。

　パーソナルカラーは、黄みが感じられる肌色を「イエローベース」、青みが感じられる肌色を「ブルーベース」と分類し、肌の色がイエローベースに近い肌色なら、選ぶ色もイエローベースに、ブルーベースに近い肌色なら、選ぶ色もブルーベースにすることで、装いが肌色になじんで見えます（**表3-18**）。**表3-19**より、それぞれのグループの色のなかからよりなじむ色や好きな色を探して、装いに応用するのもよいでしょう。

表3-18　パーソナルカラーを取り入れる効果

①　肌が明るく健康的に見える
②　肌の血色がよく見えトーンアップする
③　肌のくすみ、シミ、しわなどを目立たなくする
④　顔の輪郭・印象がはっきりする
⑤　第一印象がよくなる

表3-19　イエローベースとブルーベースのイメージカラー

	イエローベース（イエベ）	ブルーベース（ブルベ）
ピンク	サーモンピンク・コーラルピンク	ローズピンク・フューシャピンク
青	ターコイズブルー・ナイルブルー	スカイブルー・ロイヤルブルー
赤	トマトレッド・オレンジレッド	ワインレッド・チェリーレッド
黄	クリームイエロー・マスタードイエロー	レモンイエロー・ライムイエロー
緑	オリーブグリーン・モスグリーン	アップルグリーン・エメラルドグリーン
その他	アイボリー・ベージュ・ゴールド	オフホワイト・シルバーグレー・黒

3 健やかさを保つ装い

　「健やかさを保つ装い」とは、加齢による変化に対応するという装いの身体的側面だけでなく、年を重ねてもいつまでも社会とのつながりをもち、精神的な健康を維持していくこと、つまり装いの社会的・心理的側面にも注目する必要があります。

　この装いの社会的・心理的側面とは何か、また、その効果について説明します。

1　日常生活にリズムをつくる

　私たちは朝起きてから夜寝るまで、1日中パジャマでいることで、生活意欲や社会活動への積極性が低下することがあります。また、何日も同じような装いでいることも同様です。その日のイベントや気分に合わせて装いを変化させることによって、外出や社会活動への意欲につながるなど、日常生活にリズムをつくることができると考えられます。

2　脳を活性化させる

　私たちは、毎日自分の装いをコーディネートしています。季節やTPO（時・場所・場面）に合わせて、自分らしい自己表現をすることは頭を使う作業です。たとえば、衣服のアイテムの選択、トップスとボトムスのデザインやカラーのバランスを考えることや、自分らしさを演出することによって、無意識に脳を使っています。そのため、認知症であることが、装いの乱れから発覚することもあります。また、スウェーデンのある高齢者施設では、朝は「○○さん、今日は何を着ますか？」という声かけから始まるそうです。装いという身近なテーマを挨拶代わりとして考えることで、脳を活性化させることができるのです。

3　生活が楽しく活発になる

　装いは「自己表現」といわれるように、私たちは装いによって自分の個性、好み、感情、魅力など、非言語によるさまざまな情報を無意識に周囲に伝えています。

　装いの心理的機能には、「対自的機能」と「対他的機能」という2つの機能があります。「対自的機能」は、装いの結果を自分の目を通して認知することによって生じるはたらきであり、近年の研究から、対自的機能によって気分が高揚したり、自信が向上したり、不安が低減したりすること、またそれによって積極的な行動をするようになることがわかっています。「対他的機能」は、装いの結果を他者の目を通して他者が認知することによって生じるはたらきで、たとえば、他者が装った人を魅力的と評価することを意味しています。自分の装いを他者に褒められることによっても、ポジティブな感情を引き出すことができるといわれています。

　装いによる積極的な行動やポジティブな感情は、外出意欲や社会参加につながり、生活が楽しく活発になると考えられます。

　内閣府が行った令和3年度の調査では、**図3-20**のとおり、おしゃれへの関心は特に女性が高く、70代までは、年齢が上がるとともにおしゃれへの関心も高まるという傾向が見られます。また、男性のほうでもすべての年代において約半数の人がおしゃれへの関心があると答えています。

　近年、日本でもおしゃれな高齢者を見かけることが多くなりました。中高年のお

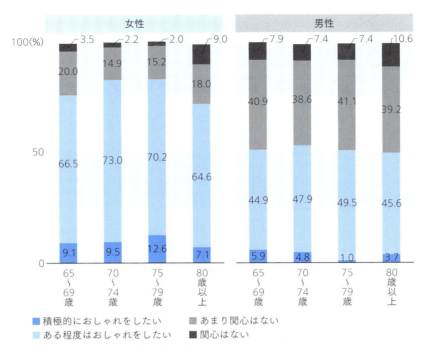

図3-20　おしゃれについてどの程度関心があるか
出典）内閣府「令和3年度 高齢者の日常生活・地域社会への参加に関する調査結果」をもとに著者作成

しゃれに関する啓発本や、おしゃれな高齢者のスナップ写真集が多数出版され、ファッションを楽しんでいる高齢者のSNS発信も多くなりました。高齢者のおしゃれへの関心の高まりに比例して装いを楽しむ高齢者が増えていると考えられます。

　一方で、施設にいる高齢者をモデルとしてファッションショーを行うと、おしゃれへの関心が高い人が多いと実感させられますが、おしゃれをあきらめているという人も少なくありませんでした。印象的だったのは、「お世話になっている身で申し訳ない」という理由でした。もともと日本には謙虚さが美徳とされる文化的背景があり、日本の高齢者の装いは地味で控えめな印象があります。しかし、人生100年時代においては、高齢者の年齢の幅は広がっています。おしゃれに関心があってもあきらめてしまう場合もありますが、年代により、生きてきた時代背景にも違いがあることから、装いに対する意識や価値観も少しずつ変化していくと考えられます。

　日本の高齢者は、欧米に比べて素材や機能性を重視する傾向が強く、衣服の選択では素材や機能性が高いもので、かつデザイン性の高い衣服を探しています。加齢による変化に対応した、機能性や快適性、デザイン性の高いおしゃれなブランドの発展が今後ますます求められていくと考えられます。

　装いは、その人の内面や生き方までも表すものです。年齢を重ねても、病気や障がいがあったとしても、いつまでも美しく活動的でいられるように、「装い」をあきらめない支援が必要となります。

第 5 節 ハンドケアとフットケア

1 加齢による手と足の変化

　手や足は、生活上のストレスのほか、加齢による変化にも影響を受けます。これらの変化には個人差がありますが、一般的には血流の循環低下や皮膚の乾燥、弾力の低下が見られます。こうした変化が起こる理由を理解し、健やかさを保つケアのポイントを見ていきましょう。

1　手足の血流とリンパ液の循環の低下

　加齢による血流とリンパ液の循環低下の主な原因は、血管やリンパ管の構造や機能の変化です。加齢に伴い、血管の壁が硬くなり、血管内皮細胞が損傷を受けることで、血管の柔軟性や拡張性が低下します。また、リンパ管の弁の機能が低下し、リンパ液の流れが阻害されることもあります。さらに、加齢による筋肉や心臓の機能の低下も血流とリンパ液の循環を妨げます。これらの変化により、組織への酸素や栄養素の供給が不足し、老廃物の排出も遅れます。その結果、血流とリンパ液の循環が低下し、冷えやむくみ、細胞の老化などの問題が引き起こされます。

2　手足の皮膚の乾燥と弾力の低下

　加齢による手足の皮膚の乾燥や弾力の低下は、肌の老化と同様ですが、特に生活習慣の影響を受けやすい部分でもあります。手は、手洗いや消毒の機会が多くなりますが、手のひらには皮脂腺がないため、乾燥しやすくなります。そのため、皮膚のバリア機能が損なわれ、加齢とともに皮膚が薄くなることも相まって、感染を起こしたり傷ついたりしやすくなります。

　また、足も皮脂の分泌低下などにより下腿の皮膚が乾燥しやすくなります。足底も手のひらと同様に皮脂腺がないため乾燥しやすくなり、そのうえ踵は角質層が厚くなってひび割れなどが起こりやすくなります。さらに、運動する機会が減少し、筋肉量が低下することで、弾力性や柔軟性が低下します。また長年履いていた靴の影響で、外反母趾などの足の変形や足爪のトラブルも起こりやすくなります。

2 健やかさを保つハンドケア・フットケア

　加齢による手足の変化として、皮膚の薄化や乾燥、しわの増加、皮膚のバリア機能低下、水分不足による爪の脆弱化（ぜいじゃくか）などが挙げられます。その要因となるのは、加齢による血流やリンパ液の循環の低下によって、細胞への栄養や酸素供給が低下することによる細胞老化です。これにより手足の機能も低下し、握力や指の柔軟性が減少します。

　手足の健やかさを保つためには、マッサージや運動を取り入れ、血流やリンパ液の循環を促すことで、細胞への栄養や酸素供給を高めることが効果的です。

1　ハンドケア・フットケアを行う前に

①目的
・血流やリンパ液の循環を促し健やかな肌を維持する。
・マッサージ剤に保湿効果の高いものを使用し、乾燥した皮膚を保湿する。
・他者とコミュニケーションをとることによって気分転換を図る。

②禁忌事項と注意点
　施術環境を確認し（高齢者が安定した姿勢を保つことができるか）、環境を整え、施術に必要な道具を準備してから行います。

表 3-20　禁忌事項と注意点

症状・状態等	注意点
心不全などの重篤な心臓病がある	急激に血圧が変化する場合があるため行わない
原因が定かでない異常なむくみがある	医師に相談したのち施術を行う
傷やあざ、湿疹等がある	その箇所を施術者と施術を受ける人の双方で確認したうえで、その場所の施術は避けて行う。広範囲の場合は行わない
薬を服用している	薬の種類によって医師に相談したうえで施術を行う
高齢者	皮膚が薄く乾燥しバリア機能が低下していて、脂肪層も薄いため、傷やあざができやすい。そのため、力加減（強い刺激は避ける）などに留意して施術中に頻繁に声をかけながら行う
施術者・施術を受ける人に出血を伴う傷や感染症の疑いがある	施術を行わない
血栓や静脈瘤（じょうみゃくりゅう）（足）のリスクがある	状態を確認して、特に軽くマッサージを行う
糖尿病などの循環障害がある	感覚障害や血流の問題に注意し、マッサージの強さを調整する

2 ハンドマッサージ

1 用意するもの

【備品】（基本的に備品は使い捨てのものを使用）
- 不織布
- キッチンペーパー
- フェイスタオルまたはバスタオル数枚
- コットン
- ゴミ袋

【粧材】
- 伸びのいいボディクリームまたはオイル

【その他】
- 消毒用品（スプレー、ペーパー、ジェルタイプなど）

2 手順とポイント（施設または避難所の場合）

手順	ポイント
❶施術場所の準備 硬さや冷たさを感じさせないよう、机の上に不織布を敷きつめ、その上にバスタオル。その上にアームクッションとしてフェイスタオル、その上にキッチンペーパーを敷く	❶施術場所が狭い場合もあるため、効率よく動ける準備、セッティングが必要
❷施術者の手指消毒 アルコールなどの消毒液を含ませたコットンで手指・肘までを消毒する	❷手指消毒以外にも自分の爪が伸びていないか、手が荒れていないか注意する。高齢者は皮膚が薄いため、肌を傷つけてしまうおそれがある ・施術を受ける人の手や爪に感染症の兆候や傷などがないかをよく観察する。禁忌事項に該当する症状がある場合、その部分または全体の施術を行わないことも必要
❸施術を受ける人の手指消毒 アルコールなどの消毒液を含ませたコットンで手指・肘までを消毒する	❸アルコールアレルギーがあるか使用前に確認する。ある場合は、ノンアルコールタイプを使用する（グルコン酸クロルヘキシジンや塩化ベンザルコニウムなど）

❹ハンドマッサージを行う（図3-21）

❹希望する力の強さなどを確認する。また、相手の状態を見て会話をする

拭き取りのいらないクリームでも、べたつきが気になる手のひらなどは拭き取るほうがよい

・浸透しやすいクリームやオイルは、マッサージの際、肌に負担をかける

❺キッチンペーパーで余分な油分を拭き取る

❺拭き取りなどでホットタオルなどを使用したい場合は、使い捨てタイプのものを温かいお湯につけて絞って使用し、使用後は廃棄するのが衛生的で安心

・ゴミの持ち帰りは施設の指示に従う

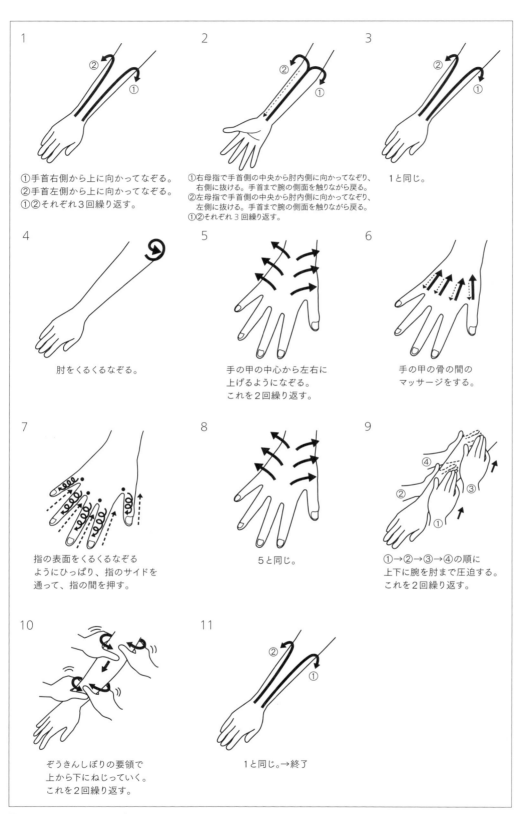

図 3-21　ハンドマッサージ

| 3 | フットマッサージ |

① 用意するもの

- **ドライタオル**（フェイスタオルサイズが好ましい）
- **ホットタオル**（フェイスタオルサイズが好ましい）
- **足浴用品**（足浴用タライ、石鹸）
- **マッサージ剤**（乳液、クリーム、軟膏、オイル　など）
- **消毒用品**（コットン、アルコールスプレー）

② 手順とポイント

手 順	ポイント
❶施術箇所を消毒する アルコールをふくませたコットンで施術者の手を消毒してから、施術を受ける人の足を消毒する。膝下から足の甲、足裏、足指の順に消毒していく。	❶施術箇所の皮膚を清潔に保つ ・消毒をする際は、アルコールによるアレルギーがないか確認してから行う
❷足浴する 足浴用タライにお湯を入れ、足を5〜8分間温めたのち、石鹸で洗浄し、お湯で洗い流す。その後ドライタオルで水気を拭き取る ※足浴しない場合は、❸の工程へ	❷お湯の温度は38〜40℃程度 ・施術を受ける人がやけどしないよう、施術前に温度を確認する
❸施術箇所にマッサージ剤を塗布して伸ばす	❸マッサージ剤は、肌の状態や施術を受ける人の好みで選ぶ。油分が多いマッサージ剤のほうが保湿力が高い。肌への負担をかけないよう、低刺激なものが好ましい
❹フットマッサージを行う（図3-22）	
❺肌に残った余分なマッサージ剤をホットタオルで拭き取る	❺足底にマッサージ剤が残っていると、歩行の際に滑るので足底は特に念入りに拭き取る ・ホットタオルは、事前にホットキャビで温めておく必要があるが、ホットキャビがない場合は電子レンジで温めるか、熱めのお湯でつくる

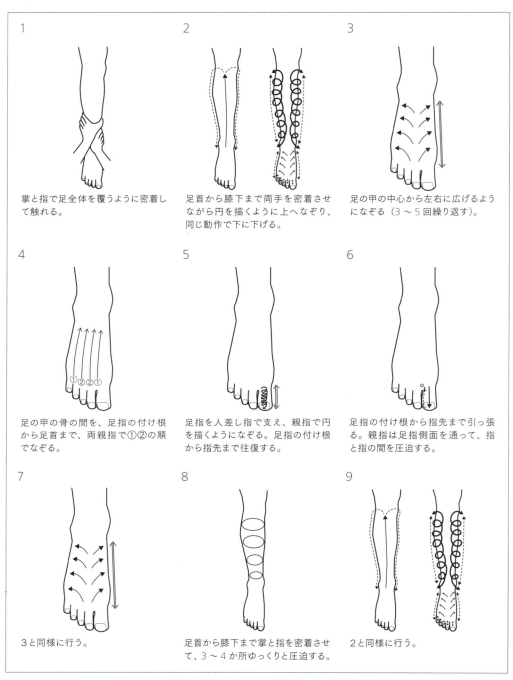

図 3-22　フットマッサージ

3 加齢による爪の変化

　加齢とともに、爪も変化します。また、爪は生活上のストレス要因によっても影響を受けます。個人差はありますが、加齢に伴う爪の変化として、爪の変形や感染症な

どが挙げられます。こうした変化が起こる理由を理解し、健やかさを保つケアのポイントを見ていきましょう。

1　爪の構造

爪は、図3-23のような構造をしています。それぞれの部位の名称は、表3-21のとおりです。

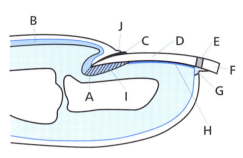
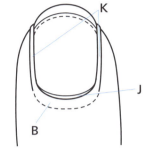

図3-23　爪の構造

表3-21　爪の構造

A	爪母（ネイルマトリクス）	爪甲を形成する部分。神経と血管が通っている。爪母が保存されていれば引き剥がされても再生するが、爪母が取り除かれると再生しない。爪母の一部が侵されると、その部分の爪は変形したり再生できなくなったりする
B	後爪郭（ネイルフォルド）	爪甲を根元で固定している部分。何らかのダメージを受けると、爪が凹凸になることもある
C	爪上皮角質（ルースキューティクル）	後爪郭腹側面の爪上皮から発生した角質で爪の根元部分に付着している。ネイルケアではキューティクルニッパーを使用して角質を除去する
D	爪甲（ネイルプレート）	爪といわれる部分。3層構造になっており、主成分はケラチン（タンパク質）。その他わずかな水分と脂肪も含んでいる
E	黄線（イエローライン）	爪甲が爪床から離れないようにしている帯状の部分
F	爪先（フリーエッジ）	爪甲が爪床から離れた部分。水分含有量が少ないため不透明
G	爪下皮（ハイポニキウム）	異物や細菌が爪甲下に侵入するのを防ぐ
H	爪床（ネイルベッド）	爪甲の下に密着している軟部組織の部分で、血管と神経も通っている
I	爪根（ネイルルート）	爪甲がつくられた根元部分
J	甘皮（キューティクル）	後爪郭を保護し、細菌や異物の侵入を防いでいる皮膚の部分
K	側爪甲縁（サイドライン）	爪甲の左右の側面の際

2　加齢による爪の変化

健康な成人の手の爪の成長は**表3-22**のとおりですが、加齢に伴い爪の成長は遅くなり、厚さも増してきます。手の爪は乾燥しやすくなり、足爪も感染症などによって形状が変化するなど、健康状態にまで影響を及ぼすこともあります。爪の色が白濁または黄白色の場合は、爪白癬（つめはくせん）を疑わなければなりません。また、巻き爪が原因で歩行が困難になり関節痛を引き起こす可能性もあります。

表3-22　健康な成人の手の爪の成長

成長スピード	1日に約0.1mm伸びる
厚さ	0.3〜0.8mm
主な成分	ケラチン（タンパク質）、水分、脂肪を含む
水分量	12〜16%
皮脂量	0.15〜0.75%

図3-24のように本来、爪は背爪（はいそう）（トッププレート）・中爪（ちゅうそう）（ミドルプレート）・腹爪（ふくそう）（アンダープレート）の3層構造になっており、背爪と腹爪が縦の繊維、中爪が横の繊維、というように網目状になっているため、柔軟性があります。しかし、加齢とともに水分量が減少し、乾燥することで柔軟性を失うため、結果として爪割れや二枚爪が生じることもあります。手の爪の水分量や皮脂量には個人差がありますが、爪の乾燥を防ぐためには定期的な保湿や適切なネイルケアが重要です。また、バランスのとれた食事を心がけることも大切です。

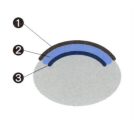   

図3-24　爪甲の構造

3　手の爪の老化とトラブルネイル

加齢とともに、皮膚や爪の乾燥による「ささくれ」や、白癬菌による手白癬（てはくせん）などの感染症が起こる場合があります。また、爪の成長が遅くなることで爪は厚くなり変形します。さらに、指先の関節が固くなることで指は曲げにくくなり、握力も低下するため、爪切りがうまく行えない状態になります。以前は、巻き爪などが悪化したら皮

膚科で治療することが主でしたが、巻き爪が軽度の場合や、医師によって治療の必要がないと判断された場合には、介護者やネイリストによるケアが可能になっています。

ネイリストがケアできるトラブルネイルには、以下のようなものがあります。

①二枚爪

二枚爪は、爪先の背爪あるいは中爪が剥がれている状態です（写真3-4）。原因は爪の乾燥や爪先へのダメージです。過度なポリッシュリムーバー（除光液）の使用も、爪表面が剥がれる原因となります。爪専用のオイルや保湿クリームで乾燥やダメージを予防し、水仕事が多い場合は手袋を使用するとよいでしょう。

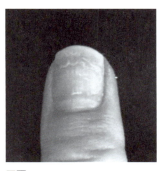 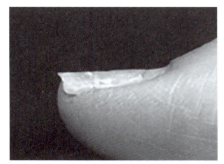

正面　　　　　　　　　側面
外部からの爪甲へのダメージと乾燥により爪の層が露出している状態
写真 3-4　二枚爪

②爪割れ

爪割れは、爪上皮の異常、あるいは乾燥や外部の刺激によって引き起こされますが、加齢や鉄分の不足も要因の1つです。写真3-5は爪割れ（青丸部分）及び二枚爪が同時に生じている例です。写真3-6はレジンを使用して補強した例です。

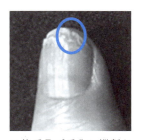

二枚爪及び爪先に縦割れが見受けられる
写真 3-5　爪割れ

【補強の方法】
① 爪の表面（爪甲）にラップ素材を貼り、その上からグルーを塗布する（写真3-6左）。
② グルーが硬化した後に、先端のはみ出たシルクをファイリングして取り除く。
③ レジンまたはフィラーという爪専用のアクリルパウダーを使用して、さらに爪を強固にする（写真3-6右）。

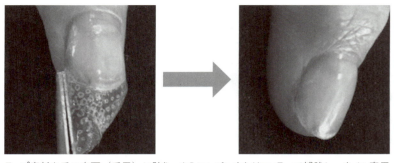

ラップ素材を爪の表面（爪甲）に貼り、さらにレジンまたはフィラーで補強し、ネイル専用のやすりを使用して滑らかに整える

写真 3-6　爪割れの補強方法

4　足の爪の老化とトラブルネイル

　老化により筋肉量が減少して、さらに何らかの病気にかかると、歩行の機能や免疫力も下がります。それが引き金となって、爪にもさまざまな症状が現れます。

　足爪の老化現象は、爪が厚くなり、変形しやすくなることがありますが、それによって起こるトラブルの一例として巻き爪や爪白癬があります。巻き爪は足の専門知識があるネイリストに相談することもできますが、爪白癬は白癬菌による感染症のため、皮膚科へ案内することが一般的です。巻き爪や肥厚爪の爪下皮角質に白癬菌を伴う場合があるので、疑わしい場合は施術を避けて感染を防ぎます。

①巻き爪

　巻き爪は、爪が皮膚に食い込んでいる状態です。この状態が続くと、痛みや炎症を引き起こし、歩行や日常生活に支障をきたす可能性があります。特に親指（第1趾）の爪に起きやすく、主な原因は窮屈な靴での圧迫や歩行不足です。足の指に力が加わらない（ほとんど運動を行わない）環境に対して、逆に親指に爪圧が強くかかるような激しいスポーツも巻き爪の要因となります。また、遺伝によるものもあります。

　巻き爪の状態で無理に爪を短く切りすぎると、陥入爪を引き起こす場合があるので注意が必要です。側爪甲縁の切り損ねた爪が伸びて棘状になり、その爪が皮膚に突き刺さることにより激痛を伴います。巻き爪であっても爪の長さは指の先端と同等、または指先より1mmほど長めに切るようにしましょう。

　写真3-7は、ネイリストが施術可能な技術を用いたことで皮膚への食い込みが緩和された一例です。

巻き爪が皮膚に食い込んでいるが、炎症は起きていない

爪の表面に爪専用のプレートを装着して矯正しているところ

写真 3-7　皮膚への食い込みが緩和された例

表 3-23　巻き爪と陥入爪の違い

巻き爪	爪が巻いている状態が重度であっても炎症は起きていない
陥入爪	爪が皮膚に食い込み、出血や化膿を伴って炎症が起きている

　足爪が巻き爪になると、痛みや感染症、歩行困難などの問題が起こる可能性があります。高齢者においては転倒のリスクがあるため、定期的な爪のチェックやケアが大切です。指先の骨（末節骨）は爪の下の中心部までなので、爪がなければ指の腹に受けた力をはね返すことはできません。同様に、足爪がなければ身体を支えて安定させることはできないのです。

　対処法としては、専門医の外科的治療を受ける、軽度であればネイリスト、フットケアリストなどの専門家に相談する、適切な靴を着用するということが挙げられます。

②爪白癬

　爪白癬（爪水虫）は、爪に真菌感染が起こる状態です。爪が黄色や白色に変色し厚くなることで、爪の間や爪の下に湿気が溜まりやすく、これが真菌の繁殖を促進する要因となります。加齢による免疫機能の低下や血行不良、爪の変形などによって発症しやすくなるため、適切な治療やケアが必要です。

　対処法としては、皮膚科を受診する、抗真菌薬を使用する、清潔な状態を保つ、ということが挙げられます。

写真 3-8　爪白癬の爪

4　健やかさを保つネイルケア

　ネイルケアはメイクと異なり、ネイリストと施術を受ける人が仕上がりを見ながらコミュニケーションをとれるケアです。最近の研究では、足爪のトラブルが高齢者の転倒リスク要因にもなっており、転倒予防のための足爪ケアとしても考えられるようになりました。

1　爪の長さと形状

　爪を切る際は、一気に切り進めると爪に負担がかかるため、少しずつ切り揃えていきます。爪で自分の皮膚を傷つけることのないように、適切な長さに整えることが大切です。切った後は、角が残らないように、爪専用のやすりを使用して爪先を滑らかに整えます。

> ## 2　ネイルケアの実際

　足爪は、毎日身体を支え、靴で圧迫され酷使されているにもかかわらず、お手入れが疎かになりがちです。足爪を長年放置した結果、痛みを伴うトラブルを引き起こすこともあるため、トラブルが発生する前に適切なお手入れを行うことが大切です。足爪の長さや形状を整えることは、巻き爪などのトラブル予防につながります。運動量の少ない高齢者は、足の筋力や柔軟性が低下していることもあり、足爪のケアが困難な場合があります。特に車いす利用者は、足の血行が悪いためむくみやすく、歩かないことがかえって巻き爪の誘因となります。

実践1　基本的なネイルケアの技法と手順

　定期的にネイルケアを行うことで、美しい爪や健康な爪を保つことができます。爪は指先の皮膚を保護する役割があるため、短く切りすぎないようにしましょう。短く切りすぎると指先の皮膚が乾燥し、ひび割れの原因になります。

❶ 用意するもの

- 爪切り
- 爪やすり（爪の厚さに応じて細かい目と荒い目の 2 種類があると便利）
- キューティクルニッパー（爪の角質を除去するための器具）
- 爪用ブラシ
- キューティクルリムーバー（軟化剤）
- 爪用オイルまたは保湿クリーム
- フィンガーボール（爪の汚れ除去、角質を柔軟にするために使用する器具）

❷ 手順とポイント

手 順	ポイント
❶手の洗浄・消毒 ネイルケアを始める前に、手を消毒する	❶爪とその周囲の皮膚を清潔に保つ 消毒をする際は、アルコールによるアレルギーがないかを確認してから行う
❷爪を切る 爪切りで爪の長さを調整する	❷爪は指の先端よりも少し長めにする 深爪にならないように注意する

094　　第 3 章　健やかさを保つための美容ケア

❸爪を整える
細かい目の爪やすりを使用して、爪の角や凹凸を滑らかにする

❹甘皮を柔らかくする
適温のお湯を入れたフィンガーボールに指を浸す

❹甘皮や爪上皮角質をふやかし、柔らかくする

❺キューティクル（甘皮）周りの角質を除去する
フィンガーボールから指を出し、軽く水気を拭き取る。必要に応じて軟化剤を塗布し、爪上皮角質を除去する

❺余分な角質を除去することにより爪の成長を促す
キューティクル（甘皮）には、細菌や異物の侵入を防ぎ、後爪郭を保護する役割があるため、むやみに切らないように気をつける。高齢者の場合は、キューティクルニッパーの使用を避けたほうがよい場合もある

❻❺で除去した角質をフィンガーボールで洗い流す
爪の裏の汚れは、優しくブラシで洗い流す。水気はタオルで拭き取る

❼爪用オイルまたは保湿クリームを塗布する
爪用オイルや保湿クリームを使用して、爪とその周囲の皮膚を保湿する

実践 2　基本的な足爪ケアの技法と手順

　定期的に行うことで足爪の健康を維持し、歩行や日常生活の快適さを確保できます。

❶ 用意するもの

- 爪切り
- 爪やすり（爪の厚さに応じて細かい目と荒い目の 2 種類があると便利）
- 爪用ブラシ
- 爪用オイルまたは保湿クリーム
- タオル
- スリッパ
- 使い捨てのグローブ
- 足浴用のタライ
- 綿棒

2 手順とポイント

手 順	ポイント
❶消毒と足浴 足爪ケアを始める前に、足を消毒し、足浴する	❶お湯の温度は40℃前後。足浴の目安は5分ほど 消毒をする際は、アルコールによるアレルギーがないかを確認してから行う
❷爪を切る 爪切りで爪の長さを調整する	❷爪は指の先端よりも少し長めに切る
❸爪を整える 爪専用のやすりを使用して、爪の角を滑らかに整える。爪の状態（巻き爪の度合い）により、手順❹の爪下皮角質の除去から行う場合もある	❸爪の形はスクエアオフ気味に整える。爪先の長さは指の先端と同等、または爪先（白い部分）が約1mm残るくらいが理想的。手の指と同じように丸く切ると、巻き爪を引き起こす可能性がある

<良い例>

 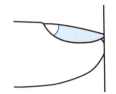

爪先を1mm程度残す　指先と同等程度の長さ

図3-25　爪の切り方の良い例・悪い例

<悪い例>

深爪　　　　　　バイアスカット

❹爪の下の角質を除去する 綿棒などを使用して、爪下皮角質の汚れを除去する。必要に応じてニッパーを使用して爪上皮角質と甘皮を除去する	
❺フットバスで角質や汚れを洗い流し、タオルで拭き取る	
❻爪用オイルまたは保湿クリームを塗布する 爪用オイルや保湿クリームを使用して、爪とその周囲の皮膚を保湿する	
❼靴が足に合っているか確認する	❼足爪の健康を保つためには、適切な靴を選ぶことも重要。足に合ったサイズや形状の靴を選ぶ。また、通気性のよい素材の靴を選ぶことも大切である

第6節 心身の健康に関わるケア

1 健康とは

　日本国憲法第25条には、「すべて国民は、健康で文化的な最低限度の生活を営む権利を有する」「国は、すべての生活部面について、社会福祉、社会保障及び公衆衛生の向上及び増進に努めなければならない」とあります。すなわち、日本国民は、誰もが健康的に生活する権利をもっていることとなります。また、厚生労働省は、身体及びこころの健康を保つための3要素として、適度な運動、バランスのとれた栄養・食生活、心身の疲労回復と充実した人生を目指す休養を提示しています。では、そもそも健康とは何を意味するのか、その定義について考えてみたいと思います。

　健康の捉え方は、社会の発達段階、疾病構造、社会環境等によって異なると考えられます。健康の定義としては、世界保健機関（WHO）憲章の前文（1948年）にある「Health is a state of complete physical, mental and social well-being and not merely the absence of disease or infirmity.」（和訳：健康とは、完全な肉体的、精神的及び社会的福祉の状態であり、単に疾病又は病弱の存在しないことではない）が広く知られています。ただ、これは最高到達目標であり、極めて理想的な健康観を示しています。近年、この定義には批判も多く、非現実的である、完全に良好な状態にある人など存在しない、障がい者はこの定義に該当しないなどといった指摘もあります。

　言うまでもなく、人々の健康状態は、社会・経済、歴史、教育環境などの違いによって影響を受けます。その意味では、健康とは医学的な概念というより社会的な概念とも考えられます。しかし、現実的には健康と病気と障がいの間に明確な区別をつけることは簡単ではありません。たとえば、病気や事故で運動器の機能障がいや視覚・聴覚障がいがあっても、パラリンピック出場を目指すなど自己実現のために努力する前向きな気持ちがあれば、その人なりの健康が保持されているといえそうです。また、たとえ余命が少ない末期がんの患者であっても、将来に向けて何らかの目標をもっていれば、健康であるとみなすことができるのではないでしょうか。つきつめれば、社会の高齢化と医療技術の進展が急速に進む日本においては、疾病や病弱など心身に何らかの不都合があっても、自分らしく自己実現や社会貢献を目指す意思をもっている状態を「健康」と捉えることが現実的と思われます。健康がゴールではなく、よりよい人生を送るためのライフスタイルを確立することが重要であることを覚えて

おきましょう。

2 健康と運動・身体活動

1 運動・身体活動の捉え方

「運動」と「身体活動」は同義と捉えられがちですが、この2つは定義が異なります。厚生労働省が策定した「健康づくりのための身体活動・運動ガイド2023」では、「安静にしている状態よりも多くのエネルギーを消費する、骨格筋の収縮を伴う全ての活動」を「身体活動」、「身体活動のうち、スポーツやフィットネスなどの健康・体力の維持・増進を目的として、計画的・定期的に実施されるもの」を「運動」とそれぞれ定義しています。

2 体力の分類

運動の主たる目的は、「体力」の維持・向上です。そして、体力は「運動をするための体力（行動体力）」と「健康に生活するための体力（防衛体力）」とに分けることができます。行動体力は、身体を動かすために必要とされる基本的な身体能力のことを指します。筋力、調整力、瞬発力、持久力などがあり、そのなかで、筋力の低下は活動性の減退をもたらし、QOLを低下させることが知られています。一方、防衛体力は、行動体力に対して用いられる概念であり、外部環境が変化しても内部環境を常に一定に維持しようとする能力（ホメオスタシス：恒常性）、外界からの刺激に対する適応能力、さまざまな病原体に対する免疫力などが該当します。防衛体力はQOLとも密接な関係があり、この機能が低下すると体調を崩したり、感染症に罹患したりするリスクが高まります。

体力には身体面に加えて精神面も含まれます。具体的には身体的要素と精神的要素、さらにそれぞれは行動体力と防衛体力に分類されます（図3-26）。

3 運動・身体活動の効用

運動・身体活動がさまざまな健康効果をもたらすことは、今日では広く知られています。身体活動量が多い人や運動をよく行っている人は、死亡率や生活習慣病の罹患率が低いこともわかっています。そして、その効用は身体活動量の増加に伴い上昇します。家事などの日常生活活動、趣味・レジャー活動、運動・スポーツなど、さまざまな身体活動が健康の維持には不可欠と考えられます。他方、運動は、体力の維持・向上のみならず、メンタルヘルス、睡眠やQOLの改善にも効果をもたらします。運動をすることで、脳のストレス反応が弱まり不安を感じにくくなることや高齢期の認

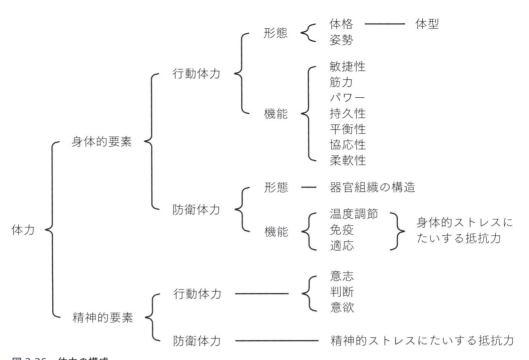

図 3-26　体力の構成
出典）猪飼道夫『日本人の体力──心とからだのトレーニング』日本経済新聞社、p.107、1967 年

知機能の低下防止といった効果のあることが確認されています。また、ストレッチングなどの低強度の運動でもストレス緩和に有効との報告[24]があり、適度な運動は精神的健康にも有益と考えられます。

4　運動・身体活動不足の弊害

　国民健康・栄養調査では、運動習慣者を「1回30分以上の運動を週2回以上実施し、1年以上継続している者」と定義しています。運動・身体活動不足は、耐糖能異常、脂質異常、高血圧、肥満などの生活習慣病の発症リスクを増加させ、がんの発症リスクやがんによる死亡率を高くする要因の1つとなっています。近年では、テレビ視聴、パソコン、スマートフォンなどの座位行動（座ったまま動作や作業を行うこと）の時間が長いと、休日や余暇時間に運動に取り組んでいても、その悪影響を相殺できないと考えられています。米国糖尿病学会が発表した「糖尿病ガイドライン2016」では、座ったまま過ごす時間が30分以上続いた場合は、簡単な運動やストレッチを3分以上行うことを推奨しています。

3 健康と栄養

1 栄養・食生活の現状

　食生活に注意を払うことは、生活習慣病の予防・改善につながり、健やかな毎日を送るためにとても重要です。しかし、先進諸国では食物が豊富にあるにもかかわらず、栄養の偏りや特定の栄養素が足りないアンバランスな食生活が問題視されています。日本でも、カルシウム摂取量の低下、脂肪エネルギー比率の増加、加工調理食品・インスタント食品の利用頻度の増加などが問題視されています。昨今は、成人のみならず小児の生活習慣病予備群の増加も懸念されており、すべての年代において食生活の見直しと改善が求められています。幼年期・学童期におけるバランスのとれた食習慣の確立及び肥満予防、思春期におけるやせすぎの予防・改善、中高年期における肥満の予防・改善、高齢期の低栄養の予防が喫緊の栄養問題と考えられます。

2 食生活指針

　健康で豊かな食生活の実現を目的として、文部科学省・厚生労働省・農林水産省が連携し、2000（平成12）年に食生活指針が策定されました。2016（平成28）年には一部改定がされ、以下の10項目が提示されました（**表3-24**）。

　2016（平成28）年に改定されたのは③、⑦、⑧、⑨であり、③は適度な運動の重要性、⑦は脂肪の質を踏まえることの重要性、⑧は和食文化を再認識することの重要性、⑨は食品ロス問題を意識することの重要性をそれぞれ提示しています。

表 3-24　食生活指針

①食事を楽しみましょう
②１日の食事のリズムから、健やかな生活リズムを
③適度な運動とバランスのよい食事で、適正体重の維持を
④主食、主菜、副菜を基本に、食事のバランスを
⑤ごはんなどの穀類をしっかりと
⑥野菜・果物、牛乳・乳製品、豆類、魚なども組み合わせて
⑦食塩は控えめに、脂肪は質と量を考えて
⑧日本の食文化や地域の産物を活かし、郷土の味の継承を
⑨食料資源を大切に、無駄や廃棄の少ない食生活を
⑩「食」に関する理解を深め、食生活を見直してみましょう

3 食事バランスガイド

　食生活指針の内容を具体的な行動に結びつけるものとして、2005（平成17）年には厚生労働省と農林水産省が合同で食事バランスガイドを作成しました。食事バランス

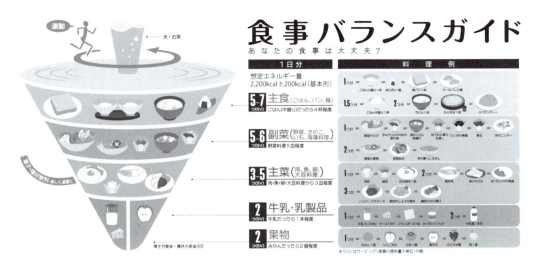

図 3-27　食事バランスガイド
出典）農林水産省 HP https://www.maff.go.jp/j/balance_guide/（2024 年 5 月 9 日閲覧）

　ガイドでは、1日に何をどれだけ食べたらよいか、コマをイメージしたイラストで示されています（図3-27）。コマの形で示すことにより、食事バランスが悪くなると倒れてしまうというメッセージが込められています。水分も1日の食事のなかで欠かせない主要な構成要素という意味から、コマの軸として描かれています。菓子・嗜好飲料は「楽しく適度に」という意味合いでコマのヒモとして表現されています。

　料理区分としては「主食」「副菜」「主菜」「牛乳・乳製品」「果物」の5つがあり、何をどれだけ食べたらよいかは「つ（SV）」という単位で示されています。1日の食事の適量は性別、年齢、身体活動量等によって異なります。ちなみに、成人（身体活動レベルが「普通」以上の成人女性や、身体活動レベルが低い成人男性）の場合、主食は5〜7つ（SV）、副菜は5〜6つ（SV）、主菜は3〜5つ（SV）、牛乳・乳製品2つ（SV）、果物2つ（SV）が1日の目安となります。各料理区分の「つ（SV）」の量的な基準は、主材料の栄養素量や重量に基づいています。

4　健康と休養

1　休養とは

　こころの健康を保つ生活のあり方について、厚生労働省は休養の重要性を強調し、同省のホームページにて「『休養』は疲労やストレスと関連があり、2つの側面がある。1つは『休む』こと、つまり仕事や活動によって生じた心身の疲労を回復し、元の活力ある状態にもどすという側面であり、2つ目は『養う』こと、つまり明日に向かっての鋭気を養い、身体的、精神的、社会的な健康能力を高めるという側面であ

第 6 節　心身の健康に関わるケア　　**101**

る」と説明しています。また、疲労については、日本疲労学会が2010（平成22）年に「過度の肉体的および精神的活動、または疾病によって生じた独特の不快感と休養の願望を伴う身体の活動能力の減退状態」と定義しています。

2　疲労と疲労感

　日常生活において、疲れを感じたときには「疲労が溜まった」や「疲労感を感じる」と表現します。最近では、疲労と疲労感を分けて考えることも提唱されており、疲労を「運動や労働などにより生じた不快感を伴う肉体（若干精神も含む）のダメージ（損傷・痛手）」、疲労感を「心身への過負荷により生じた各種ダメージを伝えるアラーム（警報）」と捉える傾向にあります。概して、身体的な消耗を「疲労」、精神的な消耗を「疲労感」と位置づけられそうです。

3　2種類の休養

　休養の取り方には「消極的休養」と「積極的休養」の2種類があります。
　「消極的休養」は、身体の疲れが著しいときになるべく身体を動かさず、安静を保って疲労回復を図る方法です。ただ、長時間身体を動かさずにいると、かえって疲労感が高まってしまうこともあるので、筋肉痛や全身レベルの疲労感がなくなれば、なるべく身体を動かすように心がけることが大切です。
　「積極的休養」は、心身が疲れている状態であっても、完全に身体を休めるのではなく、身体を動かす（または刺激する）ことにより疲労回復を促進する方法です。積極的休養には疲労感を回復させる効果もあり、全身の血行をよくすることで疲労回復が早くなるということも確認されています。睡眠、読書、テレビ鑑賞などは消極的休養であり、スポーツや旅行などの身体を動かすもの、あるいは入浴などの身体を刺激するものは積極的休養となります。

4　睡眠の役割

　睡眠は、疲労及び疲労感の回復に不可欠であり、休養の極めて重要な要素といえます。睡眠時間が短かったり、主観的な睡眠感が不調であったりすると、疲労回復を妨げるだけではなく、肥満や循環器系疾患のリスクを高めることや抑うつの発症につながることも知られており、ひいては寿命にも影響します。加えて、不良な睡眠が続くと、日中の覚醒を妨げることで仕事の生産性が低下するなど、社会経済的に大きな損失を与えることも問題となります。日本人の5人に1人は何らかの睡眠障がいをもつといわれており、個人の健康及び社会経済的利益の両面から、良好な睡眠を保持することは重要な国民的課題ともいえます。

5　ストレスとは

昨今、日常生活のなかで、「最近ストレスが溜まっている」や「運動でストレス発散」など、ストレスという言葉をよく耳にします。元来、ストレスという言葉は物理学の術語であり、「外からかかる力による物質の歪み」を意味していましたが、カナダ人の生理学者であるハンス・セリエ（Selye,H）が1936年に「ストレス学説」を発表したことから、医学の領域でもこの言葉が使われ始めました。医学的には、外からの刺激に対する身体やこころの反応のことをストレス反応、その反応を生じさせる刺激（ストレスの原因）をストレッサーと呼びます。ストレスにはこの両方の意味が含まれています。ストレッサーに対する反応は「汎適応症候群」と呼ばれ、3つの段階から成ることが知られています（図3-28）。

ストレッサーに対処してストレス反応を低減させることをストレスコーピングといいます。ストレッサーによって過剰なストレス反応が慢性的に続くと、心身へのさまざまな悪影響が考えられるため、休養を取って健康を維持するには、ストレッサーそのものにはたらきかけたり、ストレッサーに対する自分の考え方や感じ方を変えたりすることが必要になります。

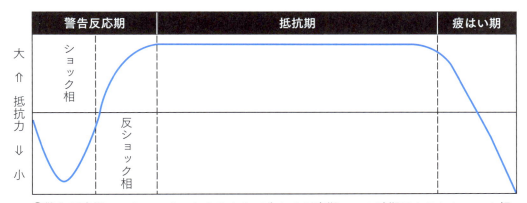

①警告反応期：ストレッサーにさらされて生じる反応期。この時期はさらにショック相と反ショック相に分けられる。
②抵抗期：ストレッサーに対する抵抗力が増し、ストレッサーと抵抗力とがバランスを保つことによって一旦安定となる時期。
③疲はい期：長期間にわたって継続するストレスに生体が対抗しきれなくなり、段階的に抵抗力が衰えてくる時期。

図3-28　ストレス反応の3段階
出典）木村康一・永松俊哉『学生のための健康管理学 改訂3版』南山堂、p.58、2021年

5 フレイルと美容

1 フレイルとは

　フレイルとは、2014（平成26）年に日本老年医学会が提唱した学術用語で、「自立生活が可能な状態と要介護状態の中間の段階（要介護の前段階）」を指します。英語の「frailty」を日本人でもなじみやすいように「フレイルティ」ではなく、「フレイル」と表現したものです。学術的に捉えれば、frailtyの訳語は「老衰」あるいは「虚弱」となります。しかし、老衰・虚弱では不可逆的な意味合いが強く、可逆的な要素が含まれるfrailtyとは内容に齟齬が生じてしまうことから、フレイルという新しい用語が提唱されました。

　高齢期になると、特定の疾患の有無にかかわらず、老化に伴う心身の機能低下によって健康障がいが生じやすくなります。ただ、老化の進行レベルによっては、適切な手段を講じることで機能回復も十分に可能であることがわかってきました。フレイルは、要介護状態となるリスクは高まっているものの、まだまだ自立生活を維持できている状態といえます。加齢を止めることはできませんが、加齢に伴う機能低下の進行を緩やかにすることは可能です。生活機能に支障が生じてからでは自立状態に戻ることが難しくなります。自立状態を維持するためには、フレイルを正しく理解し、予防のための有効な手立てを継続的に実践していくことが重要となります。

2 フレイルの3要素

　フレイルには大きく3つの要素があります。1つ目は「身体的フレイル」です。高齢期になると筋機能は自立生活を送っていても自然と低下します。移動機能の低下や筋肉の衰えなどがその代表例です。2つ目は「精神・心理的フレイル」です。老人性うつやMCI（Mild Cognitive Impairment：軽度認知障害）などを指します。3つ目は「社会的フレイル」です。活動性や社会参加の意欲低下、閉じこもり、孤食、経済的困窮の状態などが該当します。これら3つのフレイルが連鎖していくことで、自立度の低下は急速に進みます。

　フレイルは老化に伴うさまざまな衰えを指す概念であることから、身体面のみならず精神・心理面、及び社会・環境の面も併せて把握しようというものです。フレイル3要素は連鎖しながら諸機能を悪化させることが知られており、フレイル対策の各種専門家が連携して対処し、その悪循環を総合的に捉えて断ち切ることが必要となります。

①身体的フレイルのチェックポイント

フレイル3要素のなかで、身体的フレイルは多面的要素の代表格と考えられます。主に運動器（骨、関節、筋肉など）の機能低下を示すものであり、類似する用語としては「ロコモティブシンドローム」や「サルコペニア」がありますが、これらは、身体的フレイルの構成要素の一部という位置づけになります。身体的フレイル評価には**表3-25**のような基準があります。

表 3-25　改訂日本版フレイル基準／ J-CHS 基準

●体重減少：6 カ月間で 2kg 以上の体重減少。
　　　　　　※ダイエットなど意図的でない場合
●疲労感：ここ 2 週間、理由もないのに疲れたと感じる。
●歩行速度の遅延：普通に歩く速度が毎秒 1m 未満。
●筋力低下：握力が男性で 28kg 未満、女性で 18kg 未満。
●活動性の低下：日常的に身体を使う作業や運動をしていない、あるいは定期的にスポーツ活動をしていない。
　上記 5 項目について、3 項目以上該当すれば「フレイル」、1 〜 2 項目該当すれば「プレフレイル（フレイルの前段階）」、いずれも該当しないものを健常（ロバスト）との評価になります。

出典）Satake S, et al., "The revised Japanese version of the Cardiovascular Health Study criteria (revised J-CHS criteria)," *Geriatr Gerontol Int*., 20（10）, pp. 992-993, 2020.

②ロコモティブシンドロームとは

ロコモティブシンドロームは、日本整形外科学会が提唱した概念で、運動器の障がいのために移動機能の低下をきたした状態を指します。学術的な和訳としては「運動器症候群」となりますが、近年では「ロコモ」との略称が広く知られています。

「運動器」とは、骨、関節、筋肉、靭帯、腱、神経など身体を動かすための組織や器官のことで、相互に連携して円滑に作動しています。これらが単独で、あるいは複数にわたって障害されると、日常生活での移動動作がスムーズに遂行できなくなります。

ロコモティブシンドロームの原因としては、加齢や生活習慣に伴う運動器の機能低下によるものと、運動器疾患（骨、関節、筋肉などの傷病）によるものがあります。ロコモティブシンドロームになると外出することが億劫となりがちです。その結果、生きる意欲や活動量が低下し、フレイルが著しく進行して介護状態になるリスクが増大することとなります。

③サルコペニアとは

サルコペニアは、身体的な障がい、生活の質の低下、死などの有害な転帰のリスクを伴うものであり、全身性の骨格筋量及び骨格筋力の低下を特徴とする進行性の症候群です。サルコペニアとフレイルは同義として扱われがちですが、両者の概念は異なります。サルコペニアは、ローゼンバーグ（Irwin Rosenberg）がギリシャ語で筋肉を意味する「sarx」と、喪失を意味する「penia」を組み合わせて1989年に提案した造語です。2010年には、EWGSOP（European Working Group on Sarcopenia in Older People：ヨーロッパ・サルコペニア・ワーキンググループ）が、サルコペニアの定義として「骨格筋量減少と筋力低下を兼ね備えるもの」と提言し、「筋肉量の低下」と「筋機能（筋力または身体能

力）の低下」の両方の存在をその診断に用いることを推奨しました。2016年には、国際疾病分類に「サルコペニア」が登録されたため、現在では疾患と位置づけられています。EWGSOPの基準は欧米人が対象であるため、EWGSOP のアジア版であるAWGS（Asian Working Group for Sarcopenia：アジア・サルコペニア・ワーキンググループ）によってアジア人向けの診断基準が2019年に公表されました。それによると、下腿周囲が男性で34㎝未満、女性で33㎝未満、握力が男性で28kg未満、女性で18kg未満、普通に歩く速度が毎秒1m未満などとされています。目下、日本サルコペニア・フレイル学会において、日本人向けの診断基準を設けることが検討されています。

④精神・心理的フレイル並びに社会的フレイルの評価

精神・心理的フレイルと社会的フレイルに関しては明確な評価基準は存在しません。精神・心理的フレイルに関しては、昨今では身体的フレイルと認知機能低下部分がオーバーラップして形成されると考えられており、身体的フレイルのチェックを踏まえて、MCI、せん妄（意識の混乱）、抑うつ、閉じこもりなどを指標として判定される傾向にあります。社会的フレイルについても現時点で標準的といえる判定方法はありません。そのような状況下、複数の判定基準で共通する項目として以下のものがあります。

・社会的資源：独居（一人暮らし）である
・基本的社会活動：近所の人との付き合いがない（あってもあいさつ程度）
・社会参加：地域の活動（祭り、サークル、ボランティア、自治会、老人クラブ、その他）に
　　　　　　ほとんど（全く）参加しない
・一般的資源：現在の暮らしについて経済的にゆとりがない（苦しい）

上記4項目について、2項目以上該当すれば「フレイル」、1項目該当すれば「プレフレイル」と評価されます。

3　フレイルサイクル

フレイルは、さまざまな要因が複合的に関与して徐々に悪化することが知られています。悪化していくプロセスには循環性があり、この悪循環を**フレイルサイクル**（図3-29）と呼びます。フレイルサイクルについてサルコペニアを起点に考えてみたいと思います。サルコペニアには、加齢以外に明らかな原因がないサルコペニア（一次性サルコペニア）と病気などに伴って起きるサルコペニア（二次性サルコペニア）があります。

まず、加齢や病気などが原因で筋肉量が減少してサルコペニアとなります。その結果、安静時代謝率が低下します。下肢の筋肉量低下や酸素摂取能力（全身持久力）の低下により、歩行速度が落ちたり疲れやすくなったりするため、全身レベルの活動量が減少します。そうすると、総エネルギー消費量が低下することとなり、食欲が減退し

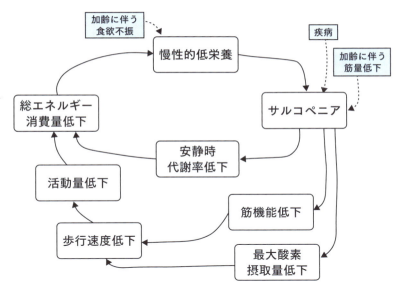

図 3-29　フレイルサイクル
出典）Fried L.P., et al., "Frailty in Older Adults : Evidence for a Phenotype", *The Journals of Gerontology : Series A, Biological Sciences and Medical Sciences*, 56（3）, pp. 146-157, 2001.

ます。いわゆる食欲不振となり、食事摂取量が慢性的に不足して低栄養となります。低栄養が続くと、サルコペニアがさらに悪化し、筋機能や全身持久力の低下もまた進行するという悪循環に陥ります。この悪循環を適切な介入によって断ち切らないと、フレイルサイクルが何度も繰り返されて要介護状態になる可能性が高くなります。

4　フレイル予防としての運動

　高齢者が運動しても効果は得られにくいと思われがちですが、高齢者を対象に実施した多くの研究によって、運動からさまざまな効果が得られることが確認されています。

　高齢者に対する運動効果は多岐にわたります。筋機能、心肺持久力、柔軟性などの体力要素の維持・改善効果、それらに伴う身体機能、歩行能力、活動性の向上、ひいては転倒予防や身体活動量の増加などにもつながります。近年では、運動がストレス解消や抑うつの予防・改善につながることも明らかにされており、運動は高齢者の身体のみならず、精神・心理面及び認知機能にも有益であると考えられます。

①筋力・筋量を維持するための運動とは

　運動機能全般を維持するためには、日常生活において運動を習慣化させることが極めて重要です。高齢者がサルコペニアになっても、軽度のレベルであれば、運動と食事によって比較的短期間で元に戻すことができます。

　フレイル予防のための運動としては、高齢者の安全性を踏まえ、ウォーキングやア

クアエクササイズなどの有酸素運動、及び個人のレベルに合わせた筋力トレーニングが適しています。また、運動の目的がサルコペニア予防であるならば、筋力向上及び筋量増加のための運動プログラムを設定する必要があります。そのためには、レジスタンストレーニング（いわゆる筋トレ）の適切な実践が必須です。実用性と習慣化を考慮すれば、マシンや器具を使うのではなく、自重（自身の身体の重さ）のみを用いて自宅でもできる筋トレを行うことが望ましいと思われます。また、高齢者の筋トレに際し、その動作はなるべくゆっくり行うこと（スロートレーニング）が筋肥大には有効とされています。

②フレイル予防・改善に及ぼすウォーキングの効果

1日の歩数が少ないと、下肢や体幹の筋肉を使う機会が減ることとなります。また、加齢によって下肢筋力が低下すると、すり足での歩行となり、筋肉への刺激は弱くなります。加えて、歩行速度の低下は身体的フレイルの基準要素とされています。このことから、高齢期になってもウォーキングを習慣化することが身体的フレイルの予防となるといえるでしょう。筋肉量の減少と筋力低下の予防を同時に狙うためには1日7000〜8000歩のウォーキングを行うことが望まれます。また、自然のなかで季節や環境の変化を楽しみながら実践するウォーキングは閉じこもりやうつ予防にも有効です。ウォーキングは認知機能低下の予防にも寄与することから、精神・心理的フレイルの予防にもなります。さらに、友人や仲間と一緒にウォーキングを行えば、人とのつながりもでき、社会的フレイルの予防も期待できます。

5　フレイル予防としての栄養・食事

高齢になると、咀嚼（食物を歯で噛み切り砕くこと）や嚥下（食物を飲み下すこと）がうまくできなくなり、胃もたれや消化不良などを気にして、柔らかい食品やあっさりとした淡泊な料理を食べる傾向が強くなります。加えて、高齢期には食事への興味が薄れ、食欲不振になりがちです。フレイルを避けるためには、特定の食品に偏らず多様な食品から栄養素を取り入れることに加え、適正体重を維持し得る十分なカロリー摂取が望まれます。

①タンパク質摂取の重要性

肉類や魚介類はそれほど摂取しなくても、日常生活を送るうえでは大きな問題ではないと思っている高齢者は少なくありません。しかし、骨格筋量の低下を防止するためには、高齢期における動物性タンパク質の摂取は大変重要です。タンパク質はアミ

ノ酸に消化・分解された後、体内に吸収され、再びタンパク質に合成されて臓器や筋肉になります。その際、大豆や魚肉と比較すると、牛・豚・鶏などの肉がヒトの体内では効率よく再合成されます。特に高齢者の場合、食事量の低下に伴う低栄養が健康上の大きな問題となることから、タンパク質の摂取量を無理なく増やすために、肉類をしっかり食べることが肝要です。

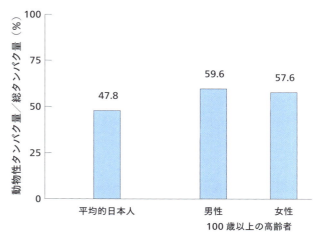

図3-30　100歳以上の高齢者におけるタンパク質摂取量の特徴
出典）Shibata H.et al., "Nutrition for the Japanese elderly", *Nutrition and Health*, 8(2-3), pp. 165-175, 1992.

　高齢者のタンパク質の摂取量の調査では、平均的な日本人高齢者と比較して、100歳以上の高齢者は男女ともに総エネルギー量に占めるタンパク質の割合が高く、総タンパク質に占める動物性タンパク質の割合も高いことがわかりました（図3-30）。つまり、長寿の高齢者は、肉や魚などの動物性タンパク質をたくさん食べていることになります。このことは、低栄養を解消するとともに、免疫力を維持することにも役立ちます。ただし、腎臓に障がいがある場合は、かかりつけの医師や管理栄養士に相談し、腎機能を考慮した適切な食事内容にすることが必要となります。

②ミネラル・ビタミン摂取の重要性

　中高年期以降の女性においては、骨粗しょう症予防のため、カルシウムを豊富に含む食品（乳製品など）の摂取が望まれます。加えて、各種ビタミンもエネルギー代謝、抗酸化作用、皮膚や粘膜の保護等に関わる大切な栄養素です。そのため、緑黄色野菜や海草などを日常的に摂取することが肝要です。

　ビタミンのなかでも、ビタミンCの不足状態が長くなると筋肉が萎縮し筋重量が減少することから、高齢者においてはビタミンCの習慣的な摂取が必要です。厚生労働省は、「日本人の食事摂取基準（2020年版）」のなかで、1日のビタミンC推奨量を100mg（いちご5〜6個程度）と定めています。高齢期においては、筋力及び筋量の維持のためにビタミンCを含む食品をより積極的に摂取することが望まれます。

6　フレイル予防としての社会参加

　「社会参加」に関しては、研究者によって捉え方が多様で、その定義は統一されていませんが、各種辞典を俯瞰すれば「同一の目的に対して集まった人々の自発的な活動」と総括できそうです。社会参加においては、インフォーマルな活動を含め、広く

交流をもつことが極めて重要と考えられます。高齢期における社会参加の具体例としては、就労、シルバー人材センター、町内会、自己啓発活動（趣味・学習・保健、カルチャー）、憩いの場、喫茶店などが挙げられます。

高齢者が社会とのつながりを失うと、生活全般が不活発になり、そのことがフレイルの最初の入口となる場合があります。そうなると、QOLが下がるだけでなく、生活範囲、栄養状態、身体機能、メンタルヘルスまでもが低下し、重症化していきます。しかし、早く介入して対策を行うことで元の健常な状態に戻る可能性があります。

①社会参加の入り口に関する情報収集のポイント

高齢期を迎えてから社会参加に向けた行動を起こしても、集団になじむためには老若男女を問わず一定の時間を要します。高齢者の場合には、集団にうまくなじめるか否かが気になって行動を起こすことが億劫になったり、せっかく行動を起こしたとしても、その後の参加が続かなくなってしまったりするケースがあります。そのようなことから、社会的フレイル予防のポイントとしては、高齢期を迎える少し前から地域の中で情報を収集し、体験的にでもさまざまな活動に参加してみることが大切です。社会参加の入り口に関する情報は、役所、社会福祉協議会、図書館、公民館、体育館など、数多くの場所で掲示されています。これらの情報は高齢者が自ら収集することが基本となります。一方、支援者も地域に存在するさまざまな活動を把握しておき、対象高齢者の特性（住所、家族構成、友人関係、趣味、生活・経済レベルなど）に応じた参加先を紹介できるように準備しておくことが重要です。

②独居と社会参加の関係

高齢者の独居は、有害健康転帰（転倒、入院、要介護、死亡など）のリスク要因となります。しかし、独居であっても何らかの社会参加をしていれば、有害健康転帰の発生抑制につながる可能性が考えられます。核家族状態が一般化した今日、独居から核家族世帯への同居にシフトすることは現実的ではないことが多く、支援者は独居高齢者に対してなるべく早く介入し、独居であっても社会参加につなげる手立てを講じることが必要と思われます。

6 フレイル対策としての美容の意義

1 化粧療法とメンタルヘルス

健康長寿に寄与する化粧療法（メイクセラピー）は、高齢者のメンタルヘルスの改善にも寄与することが報告されています[25]。この化粧療法は介護現場でも活用されています。施設入居者に化粧を施すことで短期的には心身のリラックス効果が、長期的には精神的な健康状態を良好にする効果があること[26]が確認されました。また、化粧

療法を受けた認知症患者の行動変容として、認知面、行動面、社会面で改善が見られたことが報告されています[27]。これらのことから、化粧療法のさらなる長期介入によって、メンタルヘルスのみならず日常生活動作（ADL）の維持にもつながることが期待されます。

2　おしゃれの効用

　化粧療法によって、精神・心理的フレイルの予防・改善の効果が期待できますが、可能であれば、化粧に加えてファッションにも気を配ることが望まれます。フレイル対策としては、いわゆる「おしゃれ」を意識することが重要です。おしゃれの明確な定義はありませんが、「晒れ（され）」もしくは「戯れ（ざれ）」が転じた言葉とされています。語源となる言葉の意味からすれば、おしゃれは「遊び心をもって、物事に執着せず、洗練された（垢ぬけた）自分らしい装いとふるまい」と定義できそうです。高齢者が身なりを整え、おしゃれをして外出を楽しんだり友人関係を広げたりすることで、豊かで自分らしい生き方ができるものと思われます。

　女性はいくつになってもおしゃれに興味をもち、美しくありたいと思うのではないでしょうか。一方、男性にとっても自分をよりよく見せるための容貌や自分に似合う装いと身だしなみを意識することは、社会的フレイルを予防するうえで大切です。高齢になると、おしゃれに対する意識が薄れ、身だしなみを整えることが面倒になって家にこもりがちになります。その結果、ますます外出頻度が減って、近所づきあいや友人・知人との交流が減ってしまいます。おしゃれを意識して社会参加を心がけることは、フレイル予防として極めて重要と思われます。

3　おしゃれとフレイル予防の関係

　ファッションや流行に関心の高い高齢者は、関心の低い高齢者と比較して、町内会活動やボランティア活動などの社会活動に積極的に参加しており、活動能力も高く、メンタルヘルスが良好であること、人生に対する生きがい感が高いこと[28]が報告されています。また、社会貢献活動に参加することは介護予防や認知症予防となり、高齢者自身が生きがいを感じることにもつながります。

　おしゃれに興味をもつことは、高齢者にとって自信や喜びとなり、積極的に外へ出てみたいという気持ちにつながります。その結果、周囲の人と交流する機会も増え、孤立を避けることにもつながるでしょう。このようにして心身の健康を維持することができれば、精神・心理的フレイル予防の効果が期待できます。

　平均寿命が世界最長となったわが国において、高齢者ができる限り自立した生活を送ること（健康寿命を延ばすこと）は、極めて重要な国家的課題であるといえます。これらの課題に対して、さまざまな健康効果を有する美容を積極的に活用すれば、高齢者のフレイル予防、ひいては健康寿命の延伸に大きく貢献するものと考えられます。

引用文献・参考文献

（第1節）
1) ポーラ文化研究所「ポーラ文化研究所化粧調査 2019 レポート」（https://www.cosmetic-culture.po-holdings.co.jp/report/pdf/191212kitai.pdf,2019.）（2024年5月13日閲覧）
2) 青木多寿子・小原理子・三沢良「女子大学生における化粧の心理的効用」『容装心理学研究』第3巻第1号、pp.41-45、2024年
3) 阿部恒之・高野ルリ子「化粧と感情の心理学的研究概観」『におい・かおり環境学会誌』第42巻第5号、pp.338-343、2011年
4) 余語真夫「感情および容貌印象に与える影響」資生堂ビューティーサイエンス研究所編『化粧心理学——化粧と心のサイエンス』フレグランスジャーナル社、1993年
5) 大坊郁夫「化粧行動と自己意識」『感情心理学研究』第3巻、p.35、1995年
6) 菅原健介「メーキャップとアイデンティティ」資生堂ビューティーサイエンス研究所編『化粧心理学——化粧と心のサイエンス』フレグランスジャーナル社、1993年
7) 恩蔵絢子「鏡や化粧を通した自己認知」茂木健一郎『化粧する脳』集英社、2009年
8) 余語真夫「化粧による自己と感情の調整」高木修監、大坊郁夫・神山進編『被服と化粧の社会心理学——人はなぜ装うのか』北大路書房、1996年
9) 阿部恒之『ストレスと化粧の社会生理心理学』フレグランスジャーナル社、p.188、2002年
10) 宇野晶子・青木昭子「化粧の力——自分らしさのお手伝い」『共愛学園前橋国際大学論集』第10巻、pp.59-74、2010年
11) 関丙賛「アロマ香りの生理および心理的効果の評価」『日本味と匂学会誌』第17巻第3号、pp.437-440、2010年
12) 菅千帆子「メイクアップの心理的・生理的効果——免疫力を高めるメイクの力」『こころの科学』第117巻、pp.58-62、2004年
13) 宇野賀津子「高齢者に対する化粧療法の多面的効果——免疫機能を増大させ精神面改善 リハビリ治療への導入を望む」『クリニックばんぶう』第210号、pp.80-82、1998年
14) 藤井俊勝・上野彩・川崎伊織・伊藤文人「女性の化粧顔の認知に関わる神経機構と顔の部分的化粧の影響について——機能的磁気共鳴画像法を用いた検討」『コスメトロジー研究報告』第22巻、pp.180-185、2014年
15) Mims, P.R., et al., "Interpersonal Attraction and Help Volunteering as a Function of Physical Attractiveness", *The Journal of Psychology*, 89(1), pp. 125-131, 1975.
16) Little, A.C. & Hancock, P.J.B., "The Role of Masculinity and Distinctiveness in Judgments of Human Male Facial Attractiveness", *British Journal of Psychology*, 93(4), pp. 451-464, 2002.
17) 宇山侊男・阿部恒之「化粧療法の概観と展望」『フレグランスジャーナル』第26巻第1号、pp.97-106、1998年
18) 池山和幸「要介護高齢女性の化粧行動と化粧療法効果」『BIO Clinica』第31巻第4号、pp.54-58、2016年
19) 町田明子・白土真紀「脳活動の変化を中心とした指標による化粧療法プログラムの効果検証」『フレグランスジャーナル』第48巻第4号、pp.23-29、2020年
20) Tadokoro, K., et al., "Immediate Beneficial Effect of Makeup Therapy on Behavioral and Psychological Symptoms of Dementia and Facial Appearance Analyzed by Artificial Intelligence Software", *Journal of Alzheimer's Disease*, 83(1), pp. 57-63, 2021.
21) 伊波和恵「高齢化社会における化粧——老人保健施設での化粧プログラムを中心に」『日本香粧品科学会誌』第25巻第4号、pp.263-266、2001年
22) 八田武俊・岩原昭彦・唐沢かおり・八田武志「日本人中高年女性の化粧行動に関する研究——自意識との関係分析の結果から」『人間環境学研究』第5巻第1号、pp.45-49、2007年
23) 池山和幸『「粧う」ことで健康寿命を伸ばす化粧療法——エビデンスに基づく超高齢社会への多職種連携アプローチ』クインテッセンス出版、2019年

（第2節）
・ 江連美佳子「美しい髪をめざして——香粧品ができること」『日本香粧品学会誌』第42巻第1号、pp.15-20、2018年
・ 日本ヘアケアマイスター協会『ヘアケアマイスターブック（第4版）』2021年
・ 岩渕徳郎「ヘアケア——男性と女性の薄毛の違い」『皮膚と美容』第53巻第2号、pp.42-46、2021年
・ 木嶋敏二監、伊藤雅章・乾重樹・中谷靖章・山内力『改訂版 ヘアサイエンス——毛髪診断士認定講習会テキスト』日本毛髪科学協会、2015年
・ 日本理容美容教育センター『保健』日本理容美容教育センター、2023年
・ 日本理容美容教育センター『美容技術理論1』日本理容美容教育センター、2023年

（第4節）
・ 小林茂雄・藤田雅夫編著、内田直子・孫珠熙・内藤章江『装いの心理と行動——被服心理学へのいざない』アイ・ケイコーポレーション、2019年
・ 鈴木公啓編著『装いの心理学——整え飾るこころと行動』北大路書房、2020年

（第5節）
・ 加藤宏美・大西典子「高齢者の足爪ケアによる歩行への影響」『日本福祉学会誌』第21号、p.19、2022年
・ 日本エステティック協会教育研究委員会『新エステティック学 技術編Ⅱ』日本エステティック協会、2017年

（第6節）
24) 明治安田厚生事業団監、永松俊哉編『運動とメンタルヘルス——心の健康に運動はどう関わるか』杏林書院、

2012 年

25) 平林由果・谷口裕美子・北森一哉「おしゃれが心身の高揚効果に及ぼす影響——唾液中のストレスホルモン分析による検討」『繊維製品消費科学』第 53 巻第 8 号、pp.629-635、2012 年

26) 吉田寿美子・荒川冴子・中幡美絵「化粧療法による被介護者と介護ボランティアの精神的活性化」『コスメトロジー研究報告』第 15 巻、pp.106-114、2007 年

27) 出羽祐子・前田富子・丸田操代「化粧療法を受けた認知症患者の行動変容」『日本看護学会論文集 老年看護』第 39 巻、pp.210-212、2008 年

28) 安永明智・谷口幸一・野口京子「高齢者における装いへの関心と QOL の関連」『文化女子大学紀要』第 19 巻、pp.63-72、2011 年

・木村康一・永松俊哉『学生のための健康管理学 改訂 3 版』南山堂、2021 年

・Satake, S., et al., "The Revised Japanese Version of the Cardiovascular Health Study Criteria (revised J-CHS criteria)", *Geriatr Gerontol Int*, 20(10), pp. 992-993, 2020.

第 **4** 章

美容福祉の実践

第1節 接客におけるリスクマネジメント

1 地域の理美容室における顧客層の変化とリスクマネジメント

　地域の理美容室の顧客層は、高齢者の割合が高くなりましたが、がんや認知症の人、車いす利用者や聴覚・視覚障がいがある人など、さまざまな人が利用しています。

　そのため、今後は単に理美容を提供するということだけでなく、利用客の特性を理解した接客はもちろん、リスクマネジメントも重要になります。

　リスクマネジメントとは、業務上の事故や利用客のクレームなどにつながる危険因子（リスク）に対する予防対策や、もしそれらが起きた場合に被害を最小限に抑えるための対策をあらかじめ考えておくリスク管理のことを指します。

　一般社団法人日本福祉理美容安全協会の福祉・理美容ガイドブックによれば、訪問理美容で想定されるリスクには、**表4-1**のようなものがあります。

表 4-1　福祉理美容に関わるリスク

区分	想定される事例
介助作業関連	①送迎時のつまずき・転倒 ②車いす送迎時の転倒転落 ③車いすや椅子等への移乗介助により転倒 ④移動車リフトからの転落 ⑤ベッドからの転落 ⑥その他の介助リスク等
医療施設関連	①ベッド上での施術中の転落 ②ストレッチャー上での施術中の転落 ③点滴中の施術中チューブに接触 ④気管切開の方への施術中チューブに接触 ⑤感染症の方への施術により感染 ⑥その他の医療機関内でのリスク等
高齢者・障がい者の特性	①突然の動き（施術中）　⑥認知症による業務内容の誤解 ②勝手に動き回る　　　　⑦感染症 ③噛みつき　　　　　　　⑧その他施設内でのリスク等 ④つば吐き　　　　　　　⑨施術の拒否 ⑤罵声・奇声
その他	①施術提供場所がホールや廊下の場合の　⑤労災事故 　安全管理不備　　　　　　　　　　　　⑥設備の不備 ②交通事故　　　　　　　　　　　　　　⑦盗難 ③契約内容の不備　　　　　　　　　　　⑧雇用条件等 ④台風・雪・自然災害等による交通障害　⑨その他

出典）一般社団法人日本福祉理美容安全協会監、田中晃一・古澤章良『知っておきたい安全対策 福祉・理美容ガイドブック――地域包括ケアの時代を迎えて』学術研究出版、P.8、2018 年

施術の際に、姿勢や体位を保つ必要があるほか、皮膚や毛髪などに触れたり、化粧品などを直接塗布したりすることになります。また、シザーズやコーム、ドライヤーなどの用具や機械も使います。

認知機能や精神機能に障がいがある人は、そういった行動やものの捉え方が私たちとは違っていることがあり、また身体的な障がいがある人は、姿勢の保持が難しいこともあります。このような対象となる人の特性を知り、それらのリスクを想定して準備しておくことが重要です。

2 訪問理美容におけるリスクマネジメント

1 訪問理美容の対象となる人

訪問理美容の対象となるのは、以下のような理由で理美容室に行くのが困難な人などです。

①病気やケガ
②認知症や障がいがある
③高齢で外出が難しい
④育児中または介護中
⑤婚礼などの儀式に参列する

看護や介護は、病気や障がい、加齢に伴う変化に対する必要なケアですが、理美容はすべての人が同様に受けることができるものです。そのため、理美容室に行けないからといってあきらめてしまうのはとても残念なことです。そこで、そういった人たちの自宅を訪問して、理美容を提供するのが**訪問理美容**です。

ただし、上記の対象者のなかでも、特に①②③の人に関しては、細やかなリスクマネジメントが必要です。

2 訪問理美容の意義とリスク

理美容行為は、「身じたく」という言い方もするように、何らかの活動をする前の準備でもあります。実際に、理美容行為によって気持ちが前向きに動き始めているのを感じることが多くあります。なかには、障がいによって人に会うことに抵抗があったが、美容をきっかけに外出してみようと思うようになったという人や、理美容師とのコミュニケーションを楽しむことで、病気や障がいから離れることができてほっとしたという人もいます。

このように、訪問理美容にはさまざまな意義がありますが、一方で、病気や障がいに対するリスクマネジメントは特に重要であるといえます。それは、**表4-1**に挙げたリスクに対して、理美容師が一人で対応しなければならない場面があるからです。

特に、寝たきりの人や、移動能力が不安定な人の場合は、できるだけ家族やその人

第 1 節　接客におけるリスクマネジメント　**117**

のケアに慣れている人と一緒に行うことが重要です。また、気管切開や点滴、チューブ類の装着といった医療的ケアが行われている人や、頭部や皮膚に障がいがある人、認知機能に障がいがある人などは、本人、家族、施設従事者、医療従事者等の関係者に事前に注意すべきことを確認しておく必要があります。また、突然体調が変化することもあるため、緊急時の連絡先を確認しておくなど、医療との連携を図ることも重要です。

そして、リスクマネジメントを行ううえで重要なのは、ヒヤリハット報告書を作成しておくことです。何か「ヒヤッとした経験」「ハッとした経験」があれば、報告書にしてチームでその場面を共有し、どのように対応すべきだったかなど検討しておくことが大きな事故を防ぐことにつながります。

第 2 節　がんサバイバーと美容

1　がんサバイバーの理解

1　日本人とがん

①日本人の死因の第1位

　日本では、第二次世界大戦後、国民の生活水準の向上や医療技術の進歩とともに、結核や肺炎などの感染症が減り、がんや心疾患などの生活習慣病による死亡が増えました。とりわけ、がんによる死亡が急増し、1981（昭和56）年から今日に至るまで日本人の死亡原因の第1位となっています（図4-1）。がんは、日本人の2人に1人（男性65.5%、女性51.2%）が一生のうちに一度は診断され、男性の4人に1人、女性の6人に1人が亡くなるという、国民病なのです。

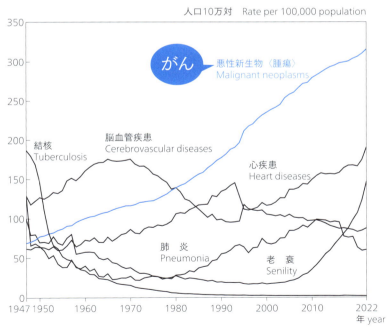

図 4-1　主要死因別死亡率年次推移
出典）公益財団法人がん研究振興財団『がんの統計 2024』p.39、2024 年を一部改変

②がんとは何か

　がんは「悪性新生物」などともいわれますが、わかりやすくいえば、「遺伝子の突然変異によって生まれた死なない細胞」です。人間の身体は約60兆個の細胞から構成され、生命を維持するために細胞分裂を繰り返しています。その際に、遺伝子にコピーミスが起こり、細胞分裂を繰り返し続ける、死なない細胞が突然変異で発生することがあります。それが、がん細胞です。正常な細胞には寿命があり、細胞分裂によって増え続けることはありませんが、増え続けるがん細胞は、やがて人間の身体や機能を壊して死に至らしめるのです。

　日本人がかかりやすいがんの部位は、多い順に男性が前立腺、大腸、胃、肺、肝臓、女性が乳房、大腸、肺、胃、子宮となっています。

③がんの原因と予防

　がんは、さまざまな原因で発症すると考えられており、なかには、加齢や遺伝的な要因など、個人の努力では避けることのできないものもあります。しかし、最近になって、日本人男性のがんの43.4％、女性のがんの25.3％は、生活習慣や感染が原因であることがわかってきました。とりわけ、喫煙（男性：約23.6％、女性：約4.0％）と感染（男性：約18.1％、女性：約14.7％）が主要な原因であると考えられています。

　がんのリスクを上げる生活習慣は、「喫煙」「飲酒」「肥満」「身体活動量が少ない」「バランスの悪い食事」の5つであり、少しでもがんのリスクを減らすためには、日常生活で「禁煙」「節酒」「適正体重の維持」「身体を動かすこと」「バランスのよい食事」に気をつけることが大切です。これらをすべて実践している人は、何もしていないか、1つだけ実践している人を100％とした場合、がんにかかるリスクが男性は57％、女性は63％にまで下がることがわかっています。

2　がん治療の進歩とがんサバイバー

①がんサバイバー

　がんサバイバーとは、がんの診断を受けたときから、死を迎えるまでのすべての段階にある「がん経験者」のことを指します。多くのがんサバイバーは、治療を終えた後もさまざまな課題（長期的合併症や再発への恐怖、周囲との人間関係、ライフスタイル、恋愛・結婚、性生活、出産・育児、介護、就学・就労の問題、経済的問題、がんへの偏見など）を抱えて生きていくことになります。そのような課題を、がんサバイバー本人だけでなく、周囲の人々や社会全体が協力して乗り越えていくという、がんサバイバーシップの考え方が広まっています。

　たとえば、外見の変化が問題になりやすい乳がんについて、生涯のうちに罹患（りかん）する女性の割合は、50年前は50人に1人でしたが、現在では9人に1人と急増しています。そして、乳がんになりやすい年齢をみると、他のがんとは異なり、30歳代後半から増え始め、40歳代後半と60歳代後半にピークがあることがわかります。これは、乳

がんが女性の働き盛り、つまり子育てや仕事、介護などで忙しい時期を襲う疾患であることを示しています。これらの社会課題を、どのようにこなしながら治療を乗り越えていくのか、がん患者にとっては大きな問題となるのです。

②がん治療の進歩

代表的ながん治療は、手術、放射線治療、抗がん剤治療ですが、最近は免疫治療も増え、日々進歩しています（**表4-2**）。実際の治療は、がんの種類や状態に応じて、これらを組み合わせて行われます。

これらのがん治療は、痛みや吐き気、脱毛などの副作用を伴うことが多く、患者にとってはつらいものです。しかし、医学の進歩とともに、患者は長く生きられるようになりました。2009（平成21）～ 2011（平成23）年にがんと診断された人の5年相対生存率は、男女合わせて64.1％、なかでも、皮膚がん、乳がん、前立腺がん、甲状腺がんでは90％を超えています。

表 4-2　代表的ながんの治療

手術	手術によって、臓器にできたがんを切除する方法。最近では切除する範囲を最小限にとどめる縮小手術や腹腔鏡手術など、身体への負担を減らす手術の普及が進んでいる。
放射線治療	臓器にできたがんや周りのリンパ腺などに放射線をあてる治療方法。放射線をあてることでがん細胞の増殖を防ぎ、細胞を殺して治療する。
抗がん剤治療（薬物療法）	がん治療に効果のある化学物質を、点滴や飲み薬で投与する治療方法。化学物質が血液によって全身に行き渡ることで効果があるという点が、手術や放射線治療などの局所治療とは異なる。
免疫療法	人がもつ免疫能力を高めることでがん細胞を排除する治療方法。抗がん剤治療と同様に全身に治療の効果が及ぶ。免疫チェックポイント阻害剤（例、ニボルマブなど）が、代表的な薬剤で、近年開発が進んでいる。

2 アピアランスケアとは

1　がん治療と外見の問題

①治療によって生じる外見の変化

手術による傷あとや身体の一部の喪失、抗がん剤治療による脱毛や皮膚障がい、放射線皮膚炎など、がん治療はさまざまな外見の変化を生じさせます（**図4-2**）。

②患者の苦痛は大きい

表4-3を見ると、さまざまな身体的副作用があるなかでも、外見が変化することへの苦痛が特に大きいといえます。実際、外見の変化を経験した患者の40％以上が、外見の変化を理由に「人に会うのが億劫になった」「仕事を辞めたり会社を休んだりした経験がある」と答えています[1]。

第 2 節　がんサバイバーと美容　　**1 2 1**

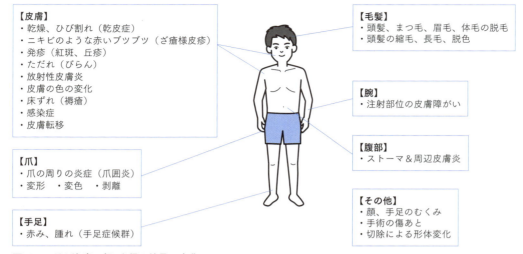

図4-2 がん治療で起こり得る外見の変化

表4-3 乳がん患者の苦痛の大きい身体的副作用

Rank	Sympton	Degree	Rank	Sympton	Degree
1	髪の脱毛	3.47	11	便秘	2.75
2	乳房切除	3.22	12	足爪のはがれ	2.71
3	吐き気・嘔吐	3.14	13	だるさ	2.71
4	手足のしびれ	2.84	14	口内炎	2.70
5	全身の痛み	2.82	15	発熱	2.70
6	まゆげの脱毛	2.77	16	足のむくみ	2.64
7	まつげの脱毛	2.76	17	手爪のはがれ	2.61
8	体表の傷	2.76	18	味覚の変化	2.61
9	手の爪割れ	2.75	19	顔のむくみ	2.58
10	手の二枚爪	2.75	20	しみ・くま	2.57

出典）Nozawa k., et al., "Quantitative Assessment of Appearance Changes and Related Distress in Cancer Patients", Psycho-Oncology, 22（9）, pp. 2140-2147, 2013.

③個人の我慢から社会の支援へ

　がん治療では、治療による外見の変化は、命と引き換えのやむを得ないものと考えられ、長い間、患者は我慢したり自分で工夫したりするしかありませんでした。しかし、最近、長生きする人や働く患者が増え、「社会全体でがん患者を支援しよう」というムードになってきました。**表4-4**のような支援制度により、外見が変化しても患者が生きやすい社会に変わってきています。

表 4-4　がん患者を支援する制度の例

国のがん政策	第 3 期（2018（平成 30）〜 2023（令和 5）年）がん対策推進基本計画で、「アピアランス支援研修会の開催」が謳われ、第 4 期（2024（令和 6）〜 2030（令和 12）年）がん対策推進基本計画では、研修を受けた医療者が、院内のがん相談支援センターで、患者の外見の悩みに関する相談支援を行うことが示されている
ウィッグや胸部補整具の購入費助成	患者がウィッグなどを購入した際に申請すると、数万円の補助が出るしくみ。2014（平成 26）年に山形県から始まった、県や市区町村などによる購入費の補助は、2024（令和 6）年 4 月時点で 747 の自治体にまで増えている[2]
運転免許証などの証明写真の規則変更	運転免許の更新時に脱毛中の場合、ウィッグを購入して写真撮影をすべきか、また、その際ウィッグ使用中であることを申し出る必要があるのかを悩む患者は少なくなかった。しかし、2018（平成 30）年に道路交通法施行規則が改正され、脱毛や手術跡など、医療上の理由があれば顔の輪郭を識別することができる範囲で頭部を布等で覆うこと（帽子やウィッグの使用）が許可された。その後、同じような規程が身体障害者手帳、精神障害者保健福祉手帳、療育手帳などにも次々と広がった

2　アピアランスケアの定義

アピアランスケアは、筆者を含む国立がんセンター中央病院外見関連患者支援チーム（2005-2012）がつくった言葉です。がん医療の現場では、患者の外見の悩みは年齢や性別を問わずに起こり、実際に話を聞いてみると、症状パーツの悩みというより周囲とのコミュニケーションの悩みであることも少なくありません。そこで、女性を対象とした美容的手段だけでは足りない、さまざまな方法を用いてその人らしい生活を送れるように患者支援を組み立て直そう、と始まったのがアピアランスケアです。

このアピアランスケアは、「医学的・整容的・心理社会的支援を用いて、外見の変化に起因するがん患者の苦痛を軽減するケア」として、広く医療で用いられるようになっています。そして、症状を隠しても隠さなくても、「患者が自分に合った方法で外見の問題に対処し、変化した自己イメージに折り合いをつけながら、安心して社会生活を送れるように支援すること」を目指すものです。

①患者の状況を理解すること：状況分析フレーム

アピアランスケアを理解し、美容家がその一翼を担うためには、患者の状況をよく理解することが大切です。

治療によって生じる外見の変化は、単純な「症状（身体的問題）」ではなく、患者にとっては「がんの象徴」です。たとえば、足の傷あとにしても、転んでできたものではなくがん治療によるものなので、見るたびに病気を思い出し、抑うつ気分などの心理的問題が生じやすくなります。また、外見の変化は周囲にも見えてしまうため、「見られたくない」という思いから人に会うのを避けるなど、社会的問題を生じさせます。筆者らの研究でも、患者は、外見の変化からがんであることが周囲に知られると、「かわいそうな人」「先がない人」と思われて、それまでの対等な人間関係が壊れてしまうのではないか、と大きな不安を感じることがわかっています。

「症状（身体的問題）」から始まり、それががんの象徴であるために、「心理的問題」「社会的問題」が密接不可分に結びついて、患者の「外見変化の苦痛」を構成しているのです。

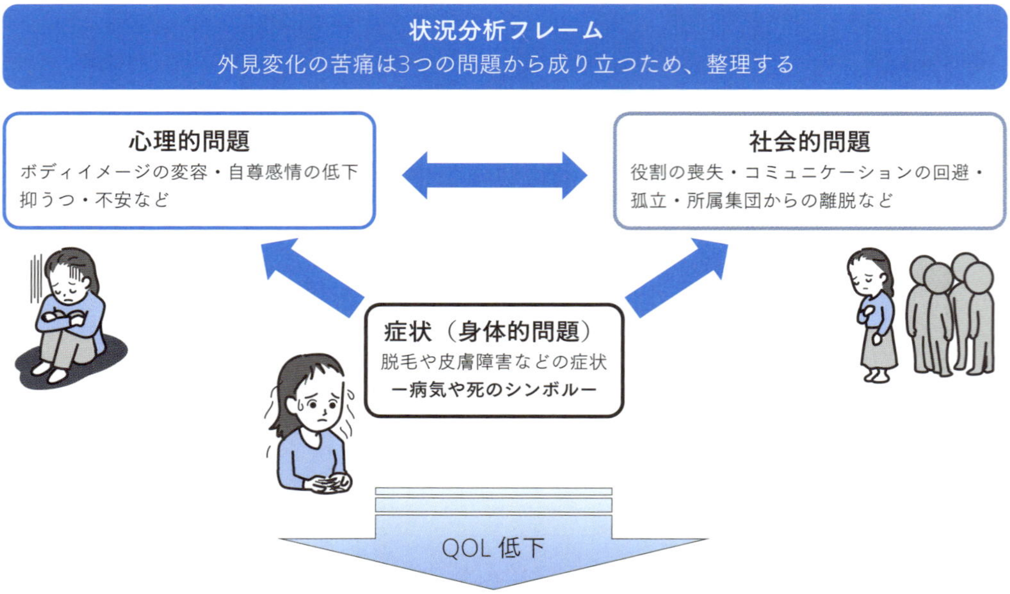

状況分析フレーム
外見変化の苦痛は3つの問題から成り立つため、整理する

心理的問題
ボディイメージの変容・自尊感情の低下
抑うつ・不安など

社会的問題
役割の喪失・コミュニケーションの回避・
孤立・所属集団からの離脱など

症状（身体的問題）
脱毛や皮膚障害などの症状
ー病気や死のシンボルー

QOL 低下

図 4-3　状況分析フレーム

②医療で行う解決方法を理解すること：課題解決フレーム

　がん医療の現場では、患者の悩みが「身体的問題」「心理的問題」「社会的問題」にあるのならば、それぞれに対応する解決手段を使って外見変化の問題を解決しようと考えます。具体的には、**表4-5**の3つの手段です。

表 4-5　外見問題の解決手段

外見への介入	再建術などの治療からメイクといった美容的手段まで、さまざまな症状への対処法を提案する。美容家が最も多く関わり、そのスキルを活かせる
認知の変容	患者のものの見方や受け取り方を変える関わりをする
社会生活への助言	外見が気になる場面のシミュレーションや助成制度の情報提供などを行う（例：コミュニケーションの円滑化）

3　アピアランスケアの方法と注意点

1　ケアの際の基本姿勢

　がん患者のアピアランスケアでは、美容家が、医療者と連携して「外見への介入」部分を担うことも少なくありません。ここでは、その際に求められる基本的な姿勢について説明します。

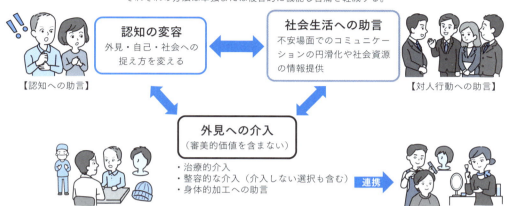

図4-4　課題解決フレーム

①美容のプロフェッショナルとして利用客に対応すること

　がん患者にどのように接してよいのかわからない、何か特別なことをしなければならないのではないか、と悩む美容家も少なくありません。確かに、がん患者の場合、そのときの体調によって香りを強く感じたり、シャンプーの姿勢がつらかったりすることもあります。しかし、がん治療はさまざまであるため症状の個人差も大きく、「がん患者は、常に○○である」ということは一切ありません。

　多くの患者は、美容室で「がん患者様」として特別扱いをされるより、病気になる前と同じように、自分らしく安らげる時間、楽しい時間を過ごしたいと思っています。勝手に「がんだから○○に違いない」と決めつけずに、必要なことは利用客に確認しながら、本来の接客力を発揮して、柔軟に対応しましょう。がんになったことを知られたくなくて美容室を変えたと話す人も多いなか、これまでと変わらず皆さんのところに来てくれた人に、利用客として満足してもらうことを考えましょう。

②一般的な注意事項

　がん患者に接する際は、下記の点を心がけましょう。

- 気になることは我慢しないですぐに言ってほしいことを伝えておく
- つらい姿勢やにおいなど、気になることがないか確認する
- 必ずしも個室や貸し切りが必要とは限らないが、対応可能な場合は、その旨をホームページや店の見やすいところにさりげなく表示しておく
- 利用客が話さない限り、病気のことをこちらからは話さないようにする。病気の話は、そのときはよくても、後で後悔する人もいるため注意する
- 病気や治療に関するアドバイスをしないようにする（がん治療はさまざまで、同じがんであっても、細胞のタイプやがんのステージによって全く異なるため）

以前、とある育毛剤を使ったら抜け毛が少なかったのでそれを広めたい、と話すがんサバイバーの美容家がいましたが、その人が使用した抗がん剤は、脱毛を生じない種類のものでした。利用客に対して何か有益な情報を提供したいと思うこと自体は悪いことではありませんが、治療に関することは控えましょう。

③信頼できる情報を得るようにすること

　がん患者に「これが絶対にお勧めです」と言える化粧品や育毛剤などは、残念ながら現時点では存在していません。仮に一般人に効果があるとしても、がん患者を対象とした化粧品等の研究はないに等しいので、効果的かどうかも不明なのです。

　本来、香粧品は、各企業の製品哲学をベースにそのパッケージから夢を与え、穏やかな効能を含めて楽しむものであり、効果を競う薬剤とは異なります。とはいえ、薬剤を扱い、エビデンスに厳しい医療との連携を考えた場合、お互いの信頼関係を構築するためにも、医学系学会での評価や情報は知っておく必要があります。患者から聞かれる可能性のある質問については、日本がんサポーティブケア学会による『がん治療におけるアピアランスケアガイドライン 2021年版』などをダウンロード[3]して、情報をチェックしてください。

2　症状と対応1：毛髪の脱毛と対処

①毛髪の変化

　抗がん剤の種類が増え、薬剤を組み合わせる治療が行われるようになってから、毛髪に対する副作用は、脱毛だけでなく、脱色・変色、剛毛化・軟毛化など、さまざまなものが見られるようになりました。また、抗がん剤は全身に及ぶため、毛周期による脱毛時期に違いはあっても、眉毛・まつ毛・鼻毛・体毛などにも脱毛が生じます。

　筆者らの調査[1]では、がん患者のうち、脱毛を経験した人は22％程度しかいませんでした。しかし、一般人のほとんどが「がん治療＝脱毛」と考えているため、「がんが周囲にバレてしまう」脱毛が患者にとって最も苦痛度の高い副作用となっています。

②全脱毛する場合の一般的プロセス

　脱毛作用のある抗がん剤治療を行った日から2〜3週間が経過すると、ある日突然毛が抜け始め、激しい脱毛が1週間ほど続きます。全脱毛する場合は、その期間に9割程度の髪（成長期毛）がなくなります。なお、それからさらに1週間ほど、いつもより多く脱毛した場合でも、1週間後に全体として髪がしっかり残っているときは、全脱毛しない種類の抗がん剤であることが多いです。

　一般に、治療終了後は、早い人で1か月（平均3〜4か月）程度で、髪が生え始めます。個人差がありますが、ショートの長さまで生え揃うには8か月〜1年ほどかかります。また、再発毛時には、毛の太さ、色、毛質（縮毛）など、元の髪質とは違う毛

が生えてくることもありますが、時間の経過とともに治療前の状態に戻ることが多いです。ただし、近年、治療の複雑化や長期化により、毛量が元に戻らないケースも出てきており、脱毛の予防や再発毛の促進を目指す頭皮冷却装置が研究・開発されています。

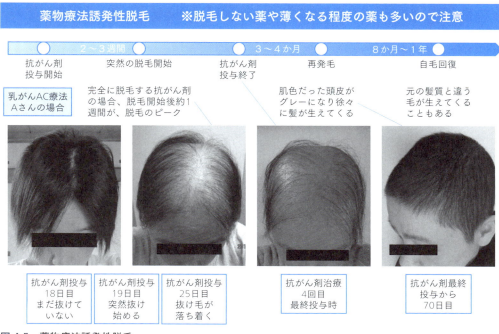

図4-5　薬物療法誘発性脱毛

③脱毛前の準備

・長い髪を短くする

　約10万本の毛髪の9割が1週間でなくなると考えると、その量や患者のつらさは相当なものでしょう。掃除の大変さだけでなくメンタルにも影響するため、処理がしやすくなるように、医療者は脱毛前に髪を短くするのを勧めることが多いです。しかし、なかには治療やがんになったこと自体を受け入れられずに、長い髪が絡まって初めて対処できるようになる人もいます。

・帽子やウィッグなどを準備する

　抗がん剤治療が決定してから脱毛するまでには数週間かかるため、帽子やウィッグなどの具体的な物品を準備することができます。実際にウィッグを使用する期間は、脱毛から髪が生え揃うまでの1年〜1年半程度といった人が多いようです。

④がん医療で重視するウィッグ選びの基準

　ウィッグ選びで重要なのは、自分に合った「価格」「かぶり心地」そして何より、

「自分が似合うと思えること」の3つの基準から製品を検討することです。ここでのポイントは、「自分に合った」ということであり、人それぞれに異なるので正解はありません。

　筆者は、医療従事者の立場で多くのがん患者の声を聞いてきました。なかには、100万円近いウィッグを3個使用したという人もいれば、格安量販店の3000円のウィッグ4個で治療期間を乗り切ったと自慢にきた人もいます。がん治療の場合、円形脱毛症の人のように何年も利用することは少なく、こだわりポイントも個人差が大きいようです。また、内帽子を使うせいか、ウィッグの内側の構造の差が満足度を決定しているようにも思えません。実際、日本毛髪工業協同組合認証の医療用ウィッグ[2]も1万円台からあるように、20年前と異なり、安価で質のよい品を入手しやすくなっています。最近の複数の調査によると、ウィッグの購入価格の中央値は、3〜5万円程度のようです。

　医療現場での最優先事項は、経済的に余裕のない人でも、安心して治療が受けられることです。以前、つむじが立派なウィッグを買わないといけないと思い込み、子どもの教育資金を解約してウィッグを買ってしまったと落ち込む母親の相談を受けました。このような事態をなくすために考えたのが、前述の3つの基準です。

⑤脱毛時の洗髪

　がん治療中であっても、頭皮に湿疹などがなければ、洗髪方法は通常時と変わりません。しかし、脱毛する抗がん剤を使用して、脱毛が激しい約1週間程度は、洗髪中の脱毛が止まらないため、いつまですすいでよいのか戸惑うことがあります。その場合は、ゆるく泡立てたシャンプーを乗せて軽く頭皮をマッサージした後、シャワーを流しながら髪をブラシで梳かすように洗い、髪をきれいにすすげたと実感した時点で終了するようにします。

⑥放射線治療による脱毛

　放射線治療の場合、抗がん剤と異なり、基本的に放射線を照射した部位とその反対側の部位のみが脱毛します。一般的な全脳照射の場合には、脱毛が照射開始の2週目あたりから始まり、治療後、再発毛するというプロセスは、抗がん剤の場合と大きな違いはありません。ただし、多くの放射線を照射した場合には、永久脱毛する可能性が高くなります。

　また、放射線治療の終了後は、頭皮に乾燥を生じることがあります。しかし、皮膚がんのように皮膚表面に照射する場合を除けば、皮膚の炎症も少ないため、抗がん剤治療と同様に、帽子やウィッグなどで生活することができます。

3　症状と対応2：がん治療と美容

①カラーリング

　ヘアカラーリングは、健康なときでも常に髪を傷めたり接触皮膚炎を生じたりするおそれがあるため、病気療養中はやめたほうがよいとされてきました。しかし、がん患者特有の重い副作用の報告や研究データがあるわけではありません。脱毛しない抗がん剤治療を長期間続けなければいけない人がずっと白髪でいなければならないことや、脱毛後に再発毛した人がいつまでもウィッグを外せない状況を考えると、一律に否定するのもQOLの観点から問題があります。

　そこで、アピアランスケアガイドラインでは、**表4-6**のような条件を示しており、がん患者自身でメリット・デメリットを判断してもらうようになっています。

表4-6　カラーリングをする7つの条件

①過去に染毛剤によるアレルギーや皮膚症状がないこと
②頭皮に湿疹などがないこと
③染毛剤の使用に適した長さまで毛髪が伸びていること
④地肌に薬剤がつかないように染毛すること
⑤パッチテストの実施が記載されている製品は使用前のパッチテストが陰性であること
⑥専門家が注意深く行うこと
⑦治療前に染毛していた場合は、治療前に使用していた染毛剤、カラーリンス、カラートリートメント、ヘアマニキュアを第1選択として使用すること

出典）日本がんサポーティブ学会編『がん治療におけるアピアランスケアガイドライン2021年版』金原出版、pp.140-141、2021年をもとに著者作成

②パーマ

　抗がん剤治療終了後に再発毛した場合、使用した抗がん剤の種類とその人の髪質によってはクセや縮れ毛が強くなるため、患者が縮毛矯正（ストレートパーマ）を希望することがあります。また、近年は少数ですが、脱毛しない抗がん剤を用いる人がウェーブパーマを希望することもあります。

　これらの場合も、カラーリングと同じ問題はありますが、がん患者特有の重い副作用の報告はありません。そこで、ガイドラインにおいては、患者のQOLが向上するのであれば、十分に毛髪が伸びた後、技術力のある美容家がパーマを行うことを否定しないものとして、患者自身の判断に委ねています。

③アートメイク

　眉毛やまつ毛の脱毛に関連して、アートメイクが問題になることがあります。抗がん剤治療で白血球が低下している時期の施術による感染の危険性や、MRI検査時の熱傷の可能性があるからです。しかし、実際には、そのような危険性はほとんどなく、アートメイクにより脱毛時の不安を軽減するなどのQOL改善効果が認められるなら、主治医と相談のうえ、医師免許をもつ人に注意深く施術してもらうことは問題ありません。

　しかし、眉毛の形や濃さには流行があるため、体質によってアートメイクが薄くな

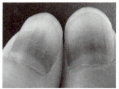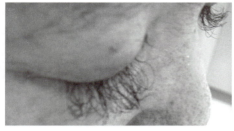
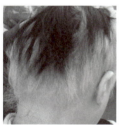

写真 4-1　薬物療法による爪・髪・皮膚の変化

らないと患者が悩むこともあります。また、眉毛は頭髪より遅く脱毛するものの、再発毛が早いことや、数日間消えない眉ティントなどの化粧品も登場しており、本当にがん治療中にアートメイクが必要かは、確認する必要があります。

④　まつ毛エクステンション

　抗がん剤治療中のまつ毛の脱毛・貧毛のカモフラージュに、まつ毛エクステンションを検討する人がいます。しかし、その重みで自毛を脱落させ、接触皮膚炎などを起こす危険性もあるため、勧めることはできません。

4　症状と対応3：皮膚の変化

　がん治療による皮膚の変化には、治療の多様さに応じて、実にさまざまな種類と程度があり（**写真4-1**）、いずれも重症なものは、治療の対象になります。

　すべてに共通して大切なことは「清潔にする」「保湿をする」「刺激を避ける」の3点です。具体的には、泡立てた石鹸で丁寧に洗うこと、たっぷりとクリームなどを塗ること、ゴシゴシこすらず日焼けをしないことなどで、これらはスキンケアの基本と同じです。

　化粧品でがん患者によいと証明されている製品も、無添加・無香料でなければならない根拠はありません。病院で出された保湿剤などは指示された分量を守ることが重要ですが、それ以外の場合は、本人が使用して違和感がなく、香りや使い心地も含めて楽しめるものを使って大丈夫です。

　一般の化粧品では隠しきれない重度の色素沈着と白斑の場合は、カモフラージュメイク製品を利用するとよいでしょう。

5 症状と対応4：爪の変化

　がん治療による爪の変化にも、皮膚同様、実にさまざまな種類と程度があり（**写真4-1**）、いずれも重症なものは、治療の対象になります。使用する抗がん剤の種類によっては、爪の周囲に肉芽を形成して強い痛みを伴う爪囲炎が生じることもあります。

　日常では、爪の部分にオイルやクリームを塗るなどの保湿対策を心がけるとよいでしょう。爪の変色が気になる場合、マニキュアの使用は特に問題ありません。水溶性ネイルやノンアセトンのリムーバーを勧めるだけのデータもないため、患者は好きな製品を使用することができます。ただし、ジェルネイルの使用は、爪に変化が生じない治療を除いて、爪の菲薄化やグリーンネイルの危険性などが払拭できていないため、勧められない状況です。

第3節 認知症の人と美容

1 認知症の人の理解

1 認知症とは

認知症とは、一度正常に発達した認知機能が障害されたために、職業上、日常生活上に支障をきたした状態をいいます。認知症は年齢が高くなるほど有病率が高くなりますが、65歳未満の若年期で発症することもあり、誰でも発症する可能性があります（図4-6）。

認知症の原因疾患には、アルツハイマー型認知症、血管性認知症、レビー小体型認知症などがあり、原因疾患によって症状に多少の違いがあります。しかし、大きくは中核症状とBPSD（行動・心理症状）に分けられます。中核症状は、脳が障がいを受けることによって直接的に生じるもので、認知症の人に共通して現れます。BPSDは、中核症状によって引き起こされる二次的な症状で、その人の性格や生活環境などによってさまざまな症状が現れます。

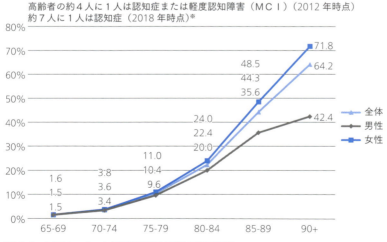

図4-6　1万人コホート年齢階級別の認知症有病率
出典）AMED日本医療研究開発機構認知症研究開発事業「健康長寿社会の実現を目指した大規模認知症コホート研究」（令和2～6年度）

表 4-7　主な中核症状とサポートの例

記憶障害	最近の出来事は忘れやすいが、過去の出来事は覚えていることが多い。そのため、過去の楽しかったことを話題にするなどして、ポジティブな感情につなげる
見当識障害	時間、場所、人がわからなくなることがある。そのため、時間や場所に関わる要件は紙に書いて渡すなどして、不安を緩和する
遂行機能障害	作業の段取りを考え、効率よく作業をこなすことが難しい。そのため、段取りを示し、一つひとつ行動を示すことで「できた」という満足感につなげる

表 4-8　主な BPSD とサポートの例

不安	記憶障害や見当識障害などにより、不安を感じやすくなる。施術を進める各段階で訴えをよく聞き、不安に感じる要因が何かを聞き取ってサポートする
暴言・暴力	介護者や周囲の人の言動が怒りの要因となるため、一緒になって怒らないことが重要。施術中も相手の要望をよく聞いて優しく対応し、不満を生じさせないようなサポートをする
徘徊	場所や空間を認知する機能が低下するため、近所でも道に迷って行方不明になることがある。そのため、外出時には見守りができる環境をつくり、また、介護者と連絡がとれるようにするなど環境を整える
妄想	もの盗られ妄想などの被害妄想が出てくるため、財布や貴重品の取り扱いは本人や介護者が行えるようにサポートする
幻視	実際は何もないのに、人や動物などが見える症状。見間違いによる錯視が大部分なので、照明や鏡の配置など環境面のサポートをする

　まずは認知症の人を理解するうえで知っておきたい主な症状と、それに対するサポート例を**表4-7**と**表4-8**にまとめておきます。

表 4-9　認知症の人と関わる際のポイント

①脳の認知機能の障がいにより起こっている症状（中核症状）からくる個々の困りごと（たとえば代金の支払いがうまくできないなど）を知り、支援につなげる。
② BPSD からくる、その人が満足していないと思われること（たとえば施術を受けたことを忘れ、突然気分が変わって動き出すなど）を知り、優しく丁寧に対応する。
③情動は維持されるため、基本的には本人の意思、自尊心を尊重する接し方を心がけ、ポジティブな感情につなげる。

2　認知症当事者の思い

　表4-10は、一般社団法人日本認知症本人ワーキンググループ（JDWG）が、2018（平成30）年11月1日、厚生労働省内で表明した「認知症とともに生きる希望宣言」の一部です。このような当事者の言葉は、認知症の人への対応に役立つものであるとともに、私たち自身のこれからの生き方にも役立つものと考えます。

　その人ができることに目を向け、何事も楽しみながらチャレンジできるように、当事者とともに方法を考えてみてください。

3　認知症になっても安心して生活できるしくみ

　前述のように、認知症の人は高齢者の増加とともに今後も増えていきます。若年性

表4-10 「認知症とともに生きる希望宣言」（一部抜粋）

1. 自分自身がとらわれている常識の殻を破り、前を向いて生きていきます。
   * 「認知症になったらおしまい」では決してなく、よりよく生きていける可能性を私たちは無数にもっています。
   * 起きている変化から目をそらさず、認知症に向き合いながら、自分なりに考え、いいひと時、いい一日、いい人生を生きていきます。
2. 自分の力を活かして、大切にしたい暮らしを続け、社会の一員として、楽しみながらチャレンジしていきます。
   * できなくなったことよりできること、やりたいことを大切にしていきます。
   * 自分が大切にしたいことを自分なりに選び、自分らしく暮らしていきます。
   * 新しいことを覚えたり、初めてのこともやってみます。
   * 行きたいところに出かけ、自然やまちの中で心豊かに暮らしていきます。
   * 働いて稼いだり、地域や次世代の人のために役立つことにもトライします。
3. 私たち本人同士が、出会い、つながり、生きる力をわき立たせ、元気に暮らしていきます。
   * 落ち込むこともありますが、仲間に会って勇気と自信を蘇らせます。
   * 仲間と本音で語り合い、知恵を出し合い、暮らしの工夫を続けていきます。

認知症やMCIと呼ばれる軽度認知障害の人たちにとって、現在の生活をいかに維持できるかということは喫緊の課題です。認知症が進んでも、住み慣れた地域で周囲の人たちと助け合いながら生活を続けるために、当事者や家族、地域の人たちのほか、医療や福祉だけでなくさまざまな職種の人たちが連携体制を構築することを望まれています。それが**図4-7**にある<u>地域包括ケアシステム</u>です。

2050（令和32）年には高齢者の3人に1人が認知症とその予備軍といわれる時代が

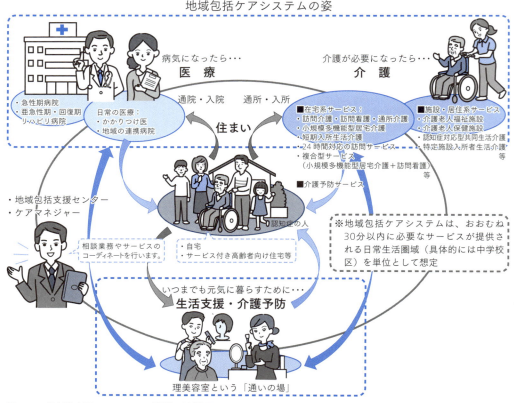

図4-7 地域包括ケアシステムの地域の連携図
出典）「地域包括ケア研究会報告書」（平成23年3月）をもとに著者作成

134　第4章　美容福祉の実践

やってきます。そのため、認知症とともに生きるまちづくりをするとともに、認知機能が衰えても生活を支えるモノやサービスの開発も進められています。認知症になっても地域で安心して生活できるしくみをつくっていくのは、私たち一人ひとりであるということを認識することが重要です。

2 認知症の人の美容ケア

　地域で生活している人は、いつも同じ美容室に通っているという人がほとんどだと思います。認知症になる前から通っている馴染みの美容室であれば、美容師との信頼関係ができているため、利用客の変化に最初に気づいたのが美容師だったということもあります。そのため、美容事業者は、地域の高齢者あんしん相談センター（地域包括支援センター）などと連携しておくことが重要です。

　一方で、美容室が脳活性化リハビリテーションの原則を取り入れて接客を行っていれば、認知症になっても楽しく前向きに生活できる「通いの場」になるのではないでしょうか。

　脳活性化リハビリテーションの原則には、①快刺激、②ほめ合い、③コミュニケーション、④役割、⑤失敗を防ぐ支援、の5つがあります。認知症の人に施術をする際は、これらの要素を取り入れて信頼関係を構築することが重要です。

　また、福祉施設や病院などへの訪問理美容で認知症の人に接する場合も、それぞれの人の症状や本人が不安になる要因や困りごと、好きなことなどの情報を事前にスタッフから聞いておくなどの連携が重要です。

　次に、美容の場面で、認知症の人に起こりやすい困りごとと配慮の例を見ていきましょう。

1　環境面への配慮

　認知症の人にとって新しい環境に適応することは困難であるため、親しみやすい環境となるような五感への影響を考えた配慮をしましょう。

表 4-11　五感への影響を考えた配慮

音	その人の好みに合わせた音楽を選択し、心地よく聞こえる程度及び会話がしやすい音量に配慮する
色や素材	空間認識を容易にするため、壁、椅子などの色を変化させる。レビー小体型認知症では、細かい模様が幻視を誘発することがあるため、シンプルな明るい色や影をつくらない素材を使うなど、気をつける
もの	馴染みのものを置くことで空間認識の手がかりにする。レビー小体型認知症では、鏡が幻視を誘発することがあるため、隠すなどの配慮が必要である

2　施術での配慮

　ヘアカットやシャンプーなどの工程は、判断力が低下している人にとっては不安の要因となりやすいものです。そのため、施術前後のコミュニケーションや触れ方などに注意する必要があります。

3　支払いでの配慮

　お金の計算などが困難になるため、自分で財布からお金を出してもらい、本人に見えるように代金をもらう、おつりは自分で財布に戻してもらう、といった工夫が必要です。

4　行き帰りへの配慮

　アルツハイマー型認知症では、行き返りの道に迷うことがあるため家族やスタッフと連携する必要があります。

　認知症当事者が一番不安になっているため、急に態度を変えるのではなく、いつものように穏やかで優しい口調で接することが重要です。また、本人のペースに合わせ、余裕をもって接するなど、ちょっとした気遣いと尊厳を保つことを心がけるとよいですね。

3 認知症の人への接客と注意点

　認知症の人に美容を提供する場合、その人の認知機能への配慮と信頼関係の構築が最も重要となります。特に、認知症の人にとっては「何をしたか」という記憶より、心地よかったことや楽しかったことという「ポジティブな感情」のほうが残ります。そこで、ポジティブな感情が残るような関係を構築できるよう、美容を提供する側の接客ポイントを**表4-12**に示します。

表 4-12　認知症の人にポジティブな感情が残る接客ポイント

場面	接客ポイント
あいさつ	・（訪問理美容の場合）ドアをノックして、返事があるまで待つ。 ・正面から近づき、目線を合わせて挨拶をする（見えない位置から声をかけることは、不安や混乱のもと）。 ・すぐに施術を始めるのではなく、メニューを確認しながら会話を楽しむ（急がせない）。
施術場面	・施術に必要な動きは「頭を少し上げられますか」など協力を求めるように伝え、できたら「そうです」など、必ず反応を返す。 ・ヘアケアを行う間も「髪の毛を梳かしていますが、櫛通りが滑らかになってきました。気持ちいいですね」などと、何をしているのかを伝え、認知症の人のポジティブな感情を引き出す言葉をかける。
施術の終了	・美容を提供する側との関係や、施術自体を心地よい感情として記憶に残してもらえるように、「○○様のお話はとても楽しく、よい時間を過ごさせていただきありがとうございました」など、その人のよいところを褒め、尊厳を保つようにはたらきかける。 ・握手などの触れる行為とともに、「またお目にかかれると嬉しいです」などと挨拶することで、美容を提供する側と施術に対してポジティブな感情をもってもらえるようにし、次回の関係構築を促進する良循環とする。

第3節　認知症の人と美容

》TOPICS 5

認知症になっても美容室を利用し続けるために

なかには、明らかな認知症の症状はないものの、徐々に失敗が増えてくるお客さまもいます。Aさんもその1人でした。

【事例】道に迷ったAさんを、商店街の人たちで協力してサポート
- Aさん（女性、70代後半）
- 息子さんと二人暮らし。
- 息子さんは仕事で留守が多く、日中は一人。
- いつもきれいにメイクをしている。

Aさんは、美容室に行くためにバスに乗ったものの、最寄りのバス停を通り過ぎてしまいました。そこで、以前から利用していた商店に道を尋ね、そこからタクシーで来店することになりました。美容室での滞在時間が長くなるとともに、同じ内容の会話を繰り返すこともありましたが、パーマやカラーできれいな髪になると、表情も明るくなり喜んでいました。

その後も、同じ商店からタクシーで来店したり、交番から店の所在地を確認する連絡が来たりすることが続いたため、美容室側ができる対策として、Aさんの自宅から美容室までのわかりやすい地図を作成してラミネート加工し、来店の際はそれを持参してもらうようにしました。また、Aさんの息子さんに連絡して状況を伝えたところ、息子さんが自宅と店の往復をサポートしてくれることとなり、Aさんは今までどおり美容室での時間を楽しめるようになりました。

◆**自立度を維持するためのサポートのあり方と課題**

- 訪問美容も可能だが、美容室に行くことがフレイルの進行を遅らせることにつながる
- 住み慣れた地域の商店が認知症への理解を深めることで安心して暮らせる
- 気になることがあれば、家族に報告することによってスムーズになることもある。ただし、一緒に暮らしている家族が、認知症の初期症状に気づいていない場合もあるので、報告の仕方に注意が必要
- 地域の特性によって取り組み方は柔軟に対応する必要がある
- 同じ質問を繰り返すため、美容師が会話の組み立てや返答の言葉を同意語に置き換えるなどして、同行している家族や店内の他のお客さまに気を遣わせないような会話の工夫をすることが求められる

第 4 節 車いす利用者と装い

1 車いす利用者と装い

　病気やケガなどにより、上肢・下肢・体幹（胴体）の機能の一部、または全部に障がいがあるために、「立つ」「座る」「歩く」「食べる」「着替える」「ものを持ち運ぶ」「字を書く」など、日常生活の動作が困難になった状態を肢体不自由といいます。特に「立つ」「座る」「歩く」という動作に障がいがある人のなかには、車いすを使用している人もいます。また、肢体不自由の人にとっては「着替える」ことが困難なことも多く、装いを楽しむこと自体を贅沢と考えている人もいます。

　たとえ肢体不自由になっても、装いを楽しみたいという気持ちを維持できるように、肢体不自由による困難を理解するとともに、その人自身ができることを理解し、そのためにどのような工夫が必要かを考える視点も重要です。ただし、装いの行為は生活行為であるとともに、好みや価値観によって選ぶものでもあります。大事なのは本人の好みや価値観であり、周囲の人の期待や思いだけで進められることがないように注意が必要です。

1　肢体不自由と運動麻痺について

　車いす利用となる運動麻痺は、①四肢麻痺、②対麻痺、③片麻痺、④単麻痺などに分類されます。これらの麻痺は、脳や脊髄の障がいによって起こる場合が多く、麻痺だけではなく、他のさまざまな症状が伴うこともあります。次のページに、特に注意が必要な①、②、③の運動麻痺について、障がいの原因と特性、装いに伴う主な注意点を示します。

①四肢麻痺

障がいの原因と特性	装いに伴う主な注意点
頚髄損傷のほか、脳性麻痺のように妊娠中から生後4週までに起きた脳損傷によっても起こる。	・脳性麻痺のように脳損傷がある場合、上下肢の可動域制限や突っ張ったような動きが起こることもある。 ・できるだけ言葉かけや触れ方に注意し、緊張感を与えず、リラックスできるように接する。 ・体幹（胴体）に麻痺がある場合、車いすの背もたれから身体を離すと、身体を支えられず倒れることがある。

②対麻痺

障がいの原因と特性	装いに伴う主な注意点
脊髄の損傷により、損傷部位以下の機能が障害される。胸髄以下の損傷で両下肢の麻痺が起こりやすい。	・感覚機能が低下している場合、圧迫などで褥瘡を生じやすい。 ・手足の指の強張りや浮腫などが起こりやすい。 ・体温調節機能が障害されていることがあるため、室温に注意が必要。 ・できることは自分ですることが機能を維持するために重要。

③片麻痺

障がいの原因と特性	装いに伴う主な注意点
脳血管障害などによる脳の障がいにより、病変の反対側の身体に麻痺が起こる。 ・右脳の障がい→左片麻痺 ・左脳の障がい→右片麻痺	脳血管障害の片麻痺とともに起こりやすい症状に注意が必要 ・左片麻痺：空間認識障害や身体失認など、左側の上下肢や空間に意識が向かないことがある。 ・右片麻痺：言語障害がある場合があり、言葉で希望が伝えにくいことがある。 ・やり方を工夫することで、自分で装うことを楽しめるようにすることが重要。

2 ユニバーサルデザインとユニバーサルファッション

ユニバーサルデザインとは、年齢・性別・国籍・人種・障がいの有無など、個人の違いにかかわらず、できるだけ多くの人にとって使いやすいデザインを目指す概念で、米国ノースカロライナ州立大学のロナルド・メイス教授により1985年に提唱されました。この概念をもとに世界中のさまざまな商品やサービス、建物や設備がつくられてきました。

ユニバーサルデザインの条件となる「ユニバーサルデザインの7原則」は**表4-13**のとおりです。

さまざまな商品やサービスにこの原則が取り入れられることで、それまでは個別性が高くて改善しにくかった問題も改善されやすくなり、より多くの人の問題が解決するようになると考えられます。

一方で、ユニバーサルファッションは年齢、体型、サイズ、障がいなどに関わりなく、誰もがファッションを楽しめる社会の創造を目指すという、日本独自の概念です。多様な人種が暮らすアメリカでは衣服のサイズ展開が広く、トレンドの発信地であるヨーロッパでは中高年世代向けのファッションブランドも充実しているため、中高年向けのサイズやデザインに関する問題はありませんでした。ユニバーサルファッションは、サイズ展開や中高年世代向けのブランドが少ない日本のファッション業界への問題提起として始まったものでした。当時、日本の既製服はサイズ展開が少なく、年齢や体型に対応した衣服が少ないことが課題でした。中高年に衣生活調査を行うと、自分の体型に合うサイズの衣服がなく、好みのデザインを選ぶことができない、という意見が多く聞かれたのです。

現在は、世界的なファストファッションの発展やグローバリゼーションにより、デザインやサイズの選択肢が広がり、誰もがファッションを楽しみやすい社会になったと考えられます。しかし、加齢や障がいによる衣服の課題は、より多くの人にとって着やすいインクルーシブな衣服では解決できず、個別性が高く、より専門的でパーソナルな対応が求められる衣服といえるでしょう。

ユニバーサルファッションは、誰もがファッションを楽しむためのパーソナルな対応の可能性、という意味で今後も注目していくべき重要な概念といえます。

表4-13　ユニバーサルデザインの7原則

①誰にでも公平に利用できること ②使う上で自由度が高いこと ③使い方が簡単ですぐわかること ④必要な情報がすぐに理解できること ⑤うっかりミスや危険につながらないデザインであること ⑥無理な姿勢をとることなく、少ない力でも楽に使用できること ⑦アクセスしやすいスペースと大きさを確保すること

出典）国立研究開発法人 建築研究所「ユニバーサルデザイン7原則」

第4節　車いす利用者と装い　　**141**

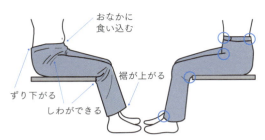

図 4-8　座位姿勢の測り方　　　　　図 4-9　普通のズボンと車いす用ズボン

3　車いす利用者の衣服への配慮

　既製服は、立位の姿勢で計測したサイズを基準にしてつくられているため、車いす利用者にとって身体に合った衣服にはなりにくいと考えられます。座った姿勢を考えると、ウエストサイズとヒップサイズのバランスや、ヒップ周りの衣服のゆとり量など、既製服では対応しにくいというのが現状です。衣服を選ぶ際には、**図4-8**のように座った姿勢でウエストサイズとヒップサイズを計測し、それを基準にゆとりのある衣服を選択することが必要となります。パンツやスカートなどの下衣は、股上の深い（長い）ものを選ぶことで、後ろウエスト部分の衣服のずり下がりに対応しやすくなります。

　シャツ類やジャケットなどの上衣は、座位姿勢に合わせて短めの丈を選んだり、丈を短くしたりすることでウエスト周辺の衣服のもたつきを減らすことができます。また、着脱のしやすさに注目するだけでなく、車いすをこぐ姿勢にも配慮して、背幅や袖回りにゆとりのあるものを選択する必要があります。手指の機能低下や排泄の状況などによっては、留め具の工夫など、状況に合わせてさまざまな対応が必要となります。

　加齢や障がいは個別性の高いものです。たとえば、衣服の全介助が必要な高齢者と、おしゃれが好きな自立度の高い障がい者とでは、衣服に求める機能や自己表現への関心の度合いが違います。一人ひとりの生活と衣服を見つめて、個別に対応していくことが望まれます。

4　車いす利用者の着物着付けと注意点

　美容福祉の理念を支える「美道」の哲学には、「人をいつも生き生きと美しく輝か

せたい」という信念があります。これまでの福祉の現場では、「着物を着て成人式に出席したい」「着物で娘の結婚式に出席したい」と願っても、自分には無理だとあきらめてしまう人が多かったかもしれません。ここでは、「あきらめないでトライしよう」をテーマに、美道を実践する美容福祉技術の1つとして福祉の現場に見るファッション・和装のあり方を見直してみましょう。

1　簡単で楽に着られる

　着物は、世界でも類を見ない美しい民族衣装です。着物の特異性はその大きさにあります。身体にぴったりと合った洋服とは違い、誰でも着られる大きさがあるという点に着目し、車いす利用者への着付けの方法を考案しました。

　「簡単・きれい・楽」、これは車いす利用者のための着物着付けのキーワードです。大切な着物を切らないように、身体を締めつける紐を極力使わないように、という点を追求した結果、身近にある「着物ベルト」の特性を活かすことで、時間の短縮、見た目の美しさ、着脱の単純化を実現することができました。

2　車いす利用者のための着物着付けの注意点

　車いす利用者と一口にいっても、利用者の障がいや車いす自体にも多様なものがあります。そこで、以下の点に注意が必要です。

> ・車いす利用者の介助に必要な資格（訪問介護員や、介護福祉士など）を有していることが望ましい
> ・着物を着たいと希望する人の身体と心の状態をできるだけ把握しておくこと
> ・足のむくみを考慮し、足袋ソックスの利用や鼻緒（指壺）にゆとりをもたせた草履などを用い、負担をかけない工夫を施すこと
> ・事前の準備を怠らず、着物を着ることへの負担を感じさせないよう、着付けをすばやく行うこと
> ・着付けを行う際は、車いす利用者から目を離さないこと
> ・できるだけ本人の希望や注意すべきことを細かく確認し、行為を行うごとに声をかけるようにすること

①留袖の着付け

　留袖は既婚女性の第一礼装で、新郎新婦の母親や仲人夫人などが着用する着物です。ここでは、紐を1本も使わず、着物ベルトを使用することで身体に負担のない着付けをします。この着付けをベースとして、浴衣から振袖まで幅広く女性の着物に応用できます。事前の準備を済ませておけば、着付け自体は10分程度で仕上がります。

　留袖着付けを行う場合は、以下の点に注意が必要です。

> ・着物を車いすに広げる必要があるので、移乗を伴う。その際、移乗が1回で済むように前もって段取りをしておくこと
> ・二重太鼓は、着る人の体型に合わせた大きさであらかじめつくっておくこと
> ・ヘアスタイルとバランスのとれたえもんを抜き、また胸元の家紋が隠れないように注意すること

第4節　車いす利用者と装い　　143

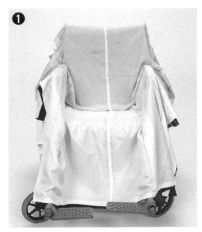
車いすの上に着物を広げて置く

長襦袢を着た状態で移乗。このとき、洋服の上に半衿をつけるだけでもよい

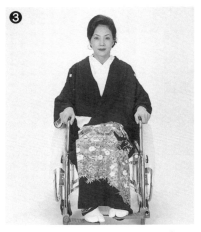
長襦袢と着物の衿を合わせ、クリップで留める

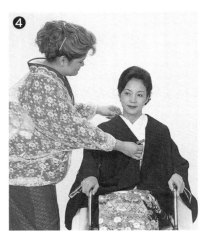
下前の衿を決める

着物の裾線を決めて、おはしょりの余分を内側に折り上げる

持ち上げた余分を着物ベルトで押さえる

❼
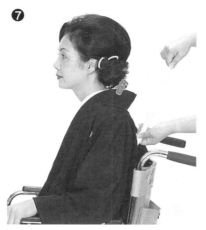
着物ベルトを身八つ口から背中に回す

❽
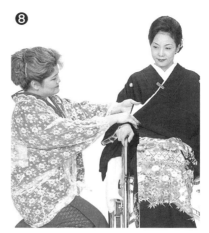
上前の衿を決め、おはしょりの余分を内側に折り上げ、着物ベルトで押さえる

❾
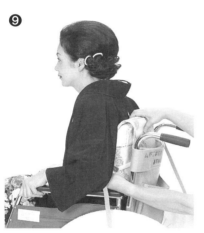
あらかじめつくっておいた二重太鼓を背中と車いすの間に納める

❿

帯を胴に巻き、帯板を入れ、帯の余分を背中側に入れ込む

⓫

飾り帯あげと帯じめを締める

⓬

最後に末広を差してできあがり

第4節 車いす利用者と装い

②袋帯「二重太鼓」のつくり方

　袋帯は、丸帯に準ずる格の高い帯です。帯を切らずに使用できる、五十肩などで手が後ろに回らない健常者にも応用できるなど、優れた利点のある「二重太鼓」のつくり方をここで紹介します。手早く着付けを行うためには、帯型をあらかじめつくっておくことが重要なポイントです。

たれ先から手幅2つ計り、そこに飾り帯あげに包んだ帯枕をあてる

帯枕の上から帯を二重に重ね、帯山から手幅2つ半の長さに計る

帯山から手幅1つ半で内側に折り上げ、クリップで留める。帯をしっかり持って裏に返す

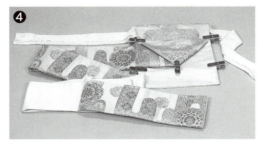

帯の裏を三角形に整え、残りを左横に流して胴に巻く長さを見積もり、余分を折り返す

お太鼓を表に返して、手先をお太鼓の2枚目と3枚目の間に通し、左右から出る長さを同寸にする

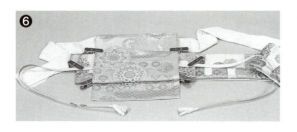

手先中央に帯じめを通し、持ち上げたときに帯が崩れないようにクリップで留めて型を整える

③花嫁衣裳の着付け

　着物着付けの最高峰といわれる花嫁着付けも、難しいことではありません。ここでの工夫は、背中への負担を軽減したオリジナル掛下帯です。着付けの際は、衿合わせやえもんの抜きで花嫁らしい雰囲気を出します。着付け所要時間の目安は15分程度です。

❶ 車いすに打ち掛けを広げて置き、その上に掛下も重ねて置く

❷ 花嫁が車いすに移乗。掛下の下前を整えておはしょりの余分を着物ベルトで押さえる。上前側も同様に整える

❸ オリジナル掛下帯（あらかじめ身体に巻くだけの帯をつくっておく）

❹ オリジナル掛下帯を巻き、後ろで結ぶ。懐紙入れ、懐剣をつけて整える

❺ 打ち掛けに袖を通し、掛下と同様の手順で着物ベルトを使用して着付ける

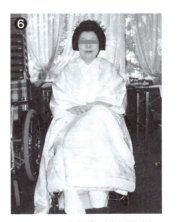

❻ できあがりの花嫁姿（実例写真）

第4節　車いす利用者と装い

④紋服の着付け

　黒五つ紋付の着物に仙台平の袴、それに黒五つ紋付の羽織姿が男性の第一礼装です。成人式や結婚式、その他儀礼の重んじられる場で多く着用されています。袴の着脱を考えて脇にファスナーをつけ、開閉しやすいように工夫しました。着付け所要時間の目安は15分程度です。

❶ 車いすに袴を置く（ファスナーをつけて開口部を広げておくと移乗が楽にできる）

❷ 袴の上に着物を重ねて広げ、移乗する

❸ 着物の衿を決め、着物ベルトで押さえる（男性の着物はおはしょりがないので、紐で締めることも可能。写真は脇を少しほどき「開き」をつくり、着付けやすく工夫されている）

❹ 角帯を締める（後ろで帯を結ぶと背中に負担がかかるので、巻いてはさむだけにしている）

❺ 袴を整えて、紐を結ぶ

❻ 羽織を着て、雪駄を履いてできあがり

⑤七五三の着付け

　子どもの着付けは、健常者でも事前に腰上げをして付紐をつけて着用します。帯型も事前につくっておくなど、子どもには洋服感覚で手早く、飽きさせずに着付けることが大切です。えもんを抜かず衿元を詰めて可愛らしく着付けましょう。着付け所要時間の目安は10分程度です。

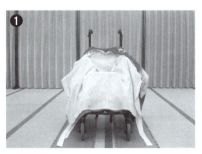

❶車いすに着物を広げて置き、移乗する

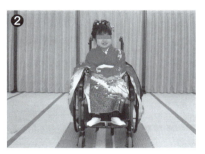

❷下前、上前の順に着物を着て付紐を結ぶ

❸子どもらしく、華やかで可愛い帯型を事前につくっておく

❹帯を巻いた後ろ姿（車いすの外側に帯を出して帯型を見せるのも効果的）

❺帯あげ・帯じめ・しごきを始末し、草履を履き、はこせこと末広をつけてできあがり

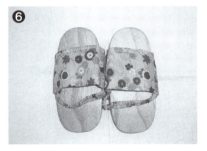

❻履物の提案：鼻緒を痛がる場合、和風のサンダルタイプでもよい

⑥振袖の着付け

　振袖は未婚女性の第一礼装で、袖が長いのが特徴です。着物の着付けは、留袖の着付け（pp.143〜145）で紹介した内容と同じなので、ここでは振袖の着付けで一番注目される帯型を2種類提案して、着付けのプロセスを紹介します。帯型ができていれ

第4節　車いす利用者と装い　149

ば、所要時間の目安は10分程度です。

振袖の帯型（その1）

振袖に似合う帯型をあらかじめこのようにつくっておく必要がある
帯型（その1）では、車いすの背もたれが高い場合を考え、❹のように見える部分を重視してつくっている

着物の着付け

裾線を決めて内側に折り上げた余分と、衿を写真のように着物ベルトで押さえ、身八つ口から出す

着付け完成　前姿

下前、上前の順に着物ベルトで押さえ、あらかじめつくっておいた帯型（その1）を巻いて（巻き方は留袖の着付けのプロセスを参照）、帯あげ、帯じめをしてできあがり

背もたれが高い場合の後姿

お太鼓の部分がクッションになり、後ろからも前からも2枚の羽根が見えて可愛らしい

振袖の帯型（その2）

背もたれが低い車いすの場合は、このような下に下がる文庫系を提案したい
自分で座位の姿勢を維持できる人は、この帯型がよい

背もたれが低い場合の後姿

この帯型だと、背もたれの高さに関係なく文庫の下げ方を調節できるので、帯型がすべて見えて華やかである

冒頭でも述べたように、着物の魅力は美しい日本の文化を表現するだけでなく、誰でも着用することができる点にあります。着物の直線裁断は体型差にこだわることなく、幅広い順応性をもっています。衣服の形態、着脱の様式、外見の優雅さ、どれをとっても着物が「着る人」に合わせてくれるのです。

　ここで紹介した着付けの方法は、「着物は着るのに時間がかかる」「着ていて苦しい」などの先入観を変え、また健常者にも簡単に応用できることから、着物の新たな可能性を広げるきっかけともなるはずです。

　大切なことは、着付けをする技術ではなく、着る人が幸せを感じられるように心を尽くす技術にあります。心を尽くせば、必ずや着る人が幸せを感じ、笑顔になるはずだからです。

第4章

第4節　車いす利用者と装い　　**151**

第5節 ベッド上の人と美容

1 廃用症候群とは

　廃用症候群とは、病気やケガによって長期間身体を安静にすることで、心身の機能が低下した状態をいいます。

　特にベッド上で「動かない状態・動けない状態」が長期にわたって続くと、**表4-14**のような症状が多く見られるようになります。このような状態の人に美容を提供する場合は、一層の注意と配慮が必要であることを理解しておく必要があります。また、施術は、家族や介護職などと一緒に行わなければなりません。

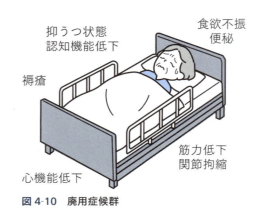

図 4-10　廃用症候群

表 4-14　主な廃用症候群の症状と配慮

項目	症状	配慮
起立性低血圧	急に身体を起こすと血圧の調整ができず、めまいや頭重感、吐き気などを引き起こす	身体を起こすときは、ゆっくり行う。その間、顔色にも注意する
関節拘縮	関節が硬くなって、関節の動きが制限される	手足の関節の動きが制限されているため、手足のケア時に配慮する
骨粗しょう症	骨が弱くなって折れやすくなる	無理な動きや圧迫などがないか気をつける
静脈血栓症	下肢の静脈が詰まりやすい。うっ血やむくみがでる	下肢の皮膚が弱くなっているため、強くさすらない
足爪トラブル	爪が分厚くなる、変形するほか、巻き爪などが見られる	適切な足爪の切り方などの配慮が必要
知的・心理的障がい	心身に刺激のない状態が続くことで、知的能力の低下や、興味・自発性の低下などが起こる	・目線を合わせて丁寧に話しかける ・その人の好きな音楽や香りなどの刺激を提供する ・身体に優しく触れる

2　ベッド上の人の理解

　第1章第2節の2「美容福祉を進めた社会背景」でも示したように、介護保険法が施行される前の日本には「寝たきり老人」という言葉がありました。その頃の日本の高齢者医療や介護の現場では、安静に寝るということに重点が置かれていました。しかし、同じ頃、北欧の介護現場では、機能が低下した高齢者も朝は起きて身だしなみを整え、おしゃれをして活動の準備をするということに重点が置かれていました。

　心身機能の低下は、安静臥床状態が長くなることでも起こります。つまり、1日中臥床して過ごし、食事も排泄もベッドの上で行う生活は、その人を「介護されるだけの存在」にしてしまい、心身機能をより低下させるだけでなく、人としての誇りを失わせる要因にもなりかねません。

　介護保険法の施行以降、こういった高齢者介護のあり方は大きく改善されました。ベッド上で過ごす時間をできるだけ短くする取り組みが、高齢者医療や介護の現場で進められたのです。ただし、おしゃれをして活動の準備をする、という状況までにはなかなか進みませんでした。高齢者がおしゃれをするということに対して、医療や介護の現場は消極的だったのです。衛生上の意味をもつヘアカットなどは、以前から必要とされていましたが、おしゃれという意味でのヘアメイクやファッションには施設側はもちろん、高齢者自身の関心も高くありませんでした。美容福祉を学ぶ学生が、ヘアメイクやネイルカラーを高齢者施設で提供しても、終わったらすぐ落とすように指示されるだけでした。

　今なお、訪問美容の後はベッドで休むだけという高齢者もいて、北欧のように活動の準備としておしゃれをしているとはいえないのが現状です。1985年のデンマークでは、寝たきりなのは「死が間近で起き上がれないか、今日は寝転んでいたい気分か、意識不明が続いている」人くらいであったといわれていました[4]。

　ベッド上で過ごす人に対するケアとしての美容は、その人が大切にしていることややりたいことにつながる準備であればと考えています。なかには、コミュニケーション能力が低下している人もいるかもしれませんが、美容というその人の個性に関わるケアを提供するとき、その人が何を望んでいるのかに注意を向けることが重要です。

　そのためにも、まずはその人をしっかり理解したいという姿勢で関わるようにしましょう。その人ができること、できないことを知ろうとすることで、その人の望むことに気づける可能性があります。

3　ベッド上の人への洗髪と注意点

　ベッド上の人への洗髪は、通常の洗髪よりもリスクが高くなります。また、シャン

プー台にしているのはその人のベッドであるということにも留意しなければなりません。以下に、押さえておきたい重要ポイントとリスクマネジメント、手順を示します。

1　重要ポイント

①出会いの場面での関係構築と観察

　（挨拶の目線、リラックスできるように配慮、カウンセリング等）

②施術時の安楽な体位の工夫や環境上の配慮など

③施術後の観察と、家族や関係職種への報告・連絡

　（状態の観察、気づいたことなどを、家族や関係職種に報告・連絡等）

2　洗髪時のリスクマネジメント

　洗髪をする際は、事前カウンセリングを行うほか、**表4-15**にある点に注意が必要です。

表 4-15　洗髪をする際のリスクマネジメント

注意が必要な部分・状態	注意点
廃用症候群	体位、姿勢、骨のもろさ、呼吸の浅さ、血流の悪さなどに注意し、身体の状態、表情などに変化がないかを見ながら安全にケアを進める
頭皮	頭皮の状態を確認し、①シャンプー剤の選択、②マッサージの圧、③湯温、に注意する
姿勢	人の姿勢は自然なS字型になっており、寝た姿勢を安楽に保つにはこのS字型が保てるように、タオルや固定するためのクッションを入れるなどして配慮する。また、膝下に枕を入れることで、腹部の緊張を緩めることも重要
頸部	洗髪時に頸部が伸びすぎないよう、背部にバスタオルなどを入れて上体を浮かせるように保つ

3 洗髪の手順

❶ 用意するもの

- シャンプーボール、ポータブルシャンプー
- お湯
- 排水用バケツ
- シャンプー、コンディショナーなど（アレルギー等に注意）
- バスタオル、タオル
- ビニールシーツ、シャンプークロス、フェイスマスク
- コーム、ヘアブラシ類
- ケリーパッド（必要とする場合）
- ドライヤー
- ヘアー用剤など

❷ 手順とポイント

施術中は、常に利用客の顔色と状態を観察しましょう。

手 順	ポイント
❶出会いの場面 リラックスできる環境を整え、関係を構築し、状態を観察する	❶目線を合わせて、挨拶をする。身体状態（顔色や表情、体調）、頭部の状態などを観察し、利用客の要望等を丁寧にカウンセリングする
❷安楽な姿勢や体位を整える	❷膝を曲げ、腹部の緊張を緩める。頸部に負担がかかっていないか確認する
❸タオル、シャンプークロス、フェイスマスクをかける	
❹ブラッシングする	❹シャンプー前にブラッシングすることで、髪についているホコリや汚れを落とす
❺シャンプーする	❺お湯の温度を確認し、髪全体を濡らす ・適量のシャンプーを十分に泡立て、片手で頭部を支えてＺ字を描くように手指の腹で洗う

第4章

第5節　ベッド上の人と美容　**155**

❻髪をすすぐ	❻シャンプーの泡を手で拭き取った後、お湯の温度を確認し、排水路と反対側からかけてすすぐ ・**顔や耳にシャンプーやお湯がかからないよう、手でガードしながらすすぐ**
❼ヘアドライ	❼タオルで頭皮と毛髪を拭く ・ドライヤーで乾かす（**熱傷しないよう温度や風向きに注意**）
❽ヘアセット	❽利用客が希望するイメージに合わせ、ヘアセットを行う
❾後片付け	❾ベッド周囲や寝具が濡れていないかを確認する。濡れていた場合は、すみやかに対処し、関係者へ報告する
❿観察と報告	❿身体状態、洗髪後の皮膚の状態、表情、疲労感などを確認する ・仕上がりと満足感などを本人に確認し、家族や関係職種に報告する

4 ベッド上の人のヘアカットと注意点

　ベッド上でのヘアカットも、シャンプーと同様にリスクが伴います。また、ヘアカットをする場所が利用客のベッド・生活空間であることも同様に注意が必要です。

1 重要ポイント

①出会いの場面での関係構築と観察
　　（挨拶の目線、リラックスできるように配慮、カウンセリング等）
②施術時の安楽な体位の工夫や環境上の配慮など
③施術後の観察と、家族や関係職種への報告・連絡
　　（状態の観察、気づいたことなどを、家族や関係職種に報告・連絡等）

2 ヘアカット時のリスクマネジメント

　ヘアカットをする際は、事前カウンセリングを行うほか、**表4-16**にある点に注意が必要です。

表 4-16　ヘアカットをする際のリスクマネジメント

注意が必要な部分	注意点
廃用症候群	体位、姿勢、骨のもろさ、呼吸の浅さ、血流の悪さ、可動域などに注意し、安全にケアを進める
音や接触時の確認	・クリッパーやシザーズ、コームなどの刺激が不快感やストレスにつながりやすいため、使い方に注意する ・頭部、頭皮に傷や病気がないか確認する（ある場合は中止する） ・姿勢や体位による苦痛、急な体調の変化が起こる可能性があるため、常に状態を観察する ・気管切開をしている人の場合、カットした毛髪が気管に入り込まないように注意する ・カットした毛髪が、寝衣や寝具に付着していないか注意する

3　ヘアカットの手順

❶ 用意するもの

- シザーズ類
- クリッパー
- コーム、ヘアブラシ類
- カットクロス
- タオル
- 鏡
- 消毒用エタノール
- ダックカールクリップ
- ビニールシート（必要に応じて）
- ゴミ袋
- 毛払いブラシ

第5節　ベッド上の人と美容　　157

② 手順とポイント

施術中は、常に利用客の顔色と状態を観察しましょう。

手順	ポイント
❶**出会いの場面** リラックスできる環境を整え、関係を構築し、状態を観察する	❶目線を合わせて、挨拶をする。身体状態（顔色や表情、体調）、頭部の状態などを観察し、利用客の要望等を丁寧にカウンセリングする
❷**タオル、カットクロスをかける**	❷利用客の姿勢や状況に合わせて、タオル、カットクロスをかける
❸**ヘアカット**（ドライカットの場合もある）	❸シザーズやクリッパーを使用し、短時間でカットしていく ・バックやネープのカット時は、側臥位の保持を介護者にお願いする ・寝衣や寝具に毛髪が散っていないか確認する ・常に声かけ・確認をしながらカットする
❹**ヘアドライ**（髪を乾かす、もくずを飛ばす）	❹タオルで頭皮と毛髪を拭く ・ドライヤーで乾かす（熱傷しないよう温度や風向きに注意）
❺**ヘアセット**	❺ドライヤーやホットカーラー、コームなどでヘアを整える
❻**後片付け**	❻ベッド周囲に毛髪などが付着していないかなど確認する ・付着している場合はきれいに取り除く
❼**観察と報告**	❼身体状態、洗髪後の皮膚の状態、表情、疲労感などを確認する ・仕上がりと満足感などを利用客に確認し、家族や関係職種に報告する

4　頭を動かすことで毛髪が絡まり、塊になっている場合

　長期療養中や寝たきりの状態で、頭部を動かす不随意運動等の症状がある利用客のなかには、毛髪が擦れ絡まることで毛の塊ができている人や、一部が擦れて毛髪が切れている人がいます。そのような場合、アウトバスで使用するヘアオイルなどを塗布することで毛髪の絡まりを容易にほどくことができます。

　毛の絡まりをほどく際は、髪の毛が強く引っ張られることで利用客に苦痛を与える可能性があるため、髪の根元を固定し、毛先から根元に向かって少しずつ絡まりをほどいていきましょう。

　摩擦により毛髪が根元近くから切れている場合もあるので、その部分が気にならないようなヘアスタイルを考え、カットすることも必要です。頭皮にかぶれや炎症が見られた場合は、その場で関係者に報告しましょう。

第 6 節 精神障害者、知的障害者、発達障害者と美容

1 精神障害者、知的障害者、発達障害者の理解

　世界保健機関（WHO）のICD-10（国際疾病分類（1990年版））では、精神障害、知的障害、発達障害はすべて「精神及び行動の障害」コードで示されています（**表**4-17）。「精神及び行動の障害」のある人にケアとしての美容を提供する場合、特に接客の仕方に考えるべきポイントがあります。それは、コミュニケーションの取り方と環境への配慮や工夫です。これは第3節で述べた認知症の人と同様です。

　ICD-10では、認知症も「精神及び行動の障害」に含まれていますが、ここでは「認知症」と「精神障害者、知的障害者、発達障害者」を分けました。発達段階にある人たちにとっては、たとえ困難なことであっても繰り返し行ったりやり方を変えたりすることで、できることが増えてくるためです。

　これらの障がいによる症状はさまざまで、一人ひとりの困りごと、できること・できないことにも違いがあります。そのうえで大事なのは、この人たちにとって美容はどのような意味をもつのかを考えることです。統合失調症やうつ病により活動が低下した人にとっては、入浴や洗顔さえ煩わしいときがあります。美容を人との関係を築くうえで重要なものと考えるのであれば、人との関係を遮断しようとしているときに無理に美容を勧める必要はありません。人との関係を広げようとしているときにこそ美容を取り入れ、人との関係性への影響を見極めることが重要です。

　本節では、**表**4-17にある代表的な疾患を「精神障害者」「知的障害者」「発達障害者」に分類し、美容を提供するときの接客ポイントと注意点を示します。

表 4-17　ICD-10 F コード「精神及び行動の障害」

コード	分類名	代表的な疾患
F00 － F09	症状性を含む器質性精神障害	認知症
F20 － F29	統合失調症、統合失調型障害及び妄想性障害	統合失調症
F30 － F39	気分（感情）障害	うつ病
F70 － F79	知的障害（精神遅滞）	知的障害
F80 － F89	心理的発達の障害	広汎性発達障害
F90 － F98	小児（児童）期及び青年期に通常発症する行動及び情緒の障害	多動性障害

2 精神障害のある人に美容を提供する際の接客ポイントと注意点

ここでは、統合失調症とうつ病を取り上げて解説していきます。

1　統合失調症

統合失調症は、およそ100人に1人が発症するといわれている脳の病気です。症状として認知機能障害、陽性症状、陰性症状が挙げられます（**表4-18**）。統合失調症の症状には、神経伝達物質のドパミン（脳の中で情報を伝える役割のある物質の1つ）が関与していると考えられています。ドパミンが過剰に放出されることで、幻覚や妄想などの陽性症状が引き起こされるとされており（**図4-11**）、また、逆にドパミンの伝達が低下することにより、意欲が低下するといった陰性症状や認知機能障害が引き起こされるとされています。

現在では、薬物療法やその他の医療・福祉支援を受けながら、障がいのない人と変わらない社会生活を送る人もいます。

表 4-18　統合失調症の症状と困りごとの特徴と対応

症状	困りごとの特徴と対応
認知機能障害	・物事に対する判断や理解力などに支障が出ることで、コミュニケーション力が著しく低下する ・ゆっくり丁寧に話を聞き、不安や困りごとを話しやすい雰囲気をつくる。本人の価値観を大切にする
陽性症状	・実際にはないものが見えたり聞こえたりする、幻覚や幻聴、妄想などが挙げられる ・幻覚や幻聴、妄想の内容に対しては、否定も肯定もせず、不安な気持ちに共感を示し安心感を与える。「不安だったのですね、一緒にいますから安心してくださいね」など
陰性症状	・意欲の減退や気分の落ち込み、自閉傾向などが挙げられる ・理美容室に行くのが不安な場合、訪問理美容があることを知らせる。また、人とのコミュニケーション自体も苦痛となる場合があるため、無理に話しかけない

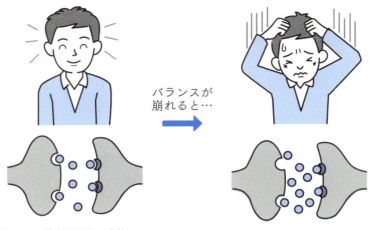

図4-11　統合失調症の症状

2　うつ病

　うつ病は、継続的な気分の落ち込みとともに、考える力や活動量が少なくなり、社会生活に支障が生じる脳の病気です。図4-12のように、脳の物質バランスが崩れてエネルギーが低下した状態となります。代表的な症状は、抑うつ気分や睡眠の障がい、自殺を考えることなどです。服薬やその他の医療・福祉支援を受けることで多くの場合は回復します。しかし、人によってその期間は異なり、再発することが多いのも特徴です。

　高齢者のうつ病は若い人と異なり、心の不調よりも「頭痛」「胃痛」「息苦しさ」「しびれ」「めまい」など、身体の不調を多く訴えます。また、治る病気にもかかわらず、自分は不治の病にかかっていると思い込む「妄想」や「不安・緊張」などもうつ病の高齢者に特有の症状です。

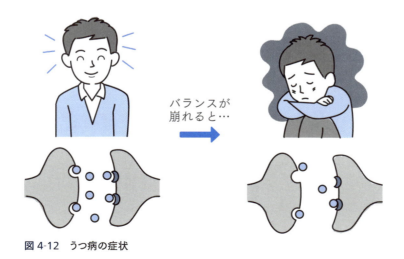

図4-12　うつ病の症状

162　　第4章　美容福祉の実践

年齢にかかわらず、次第に身だしなみに注意を払えなくなり、洗顔や入浴も煩わしいと思うようになる人もいます。そのようなときには、その人のつらい気持ちを受け止め、ねぎらうことが重要です。そして「つらいですよね。あなたが本当にやってみたいと思えるときにいつでも呼んでください」などといった、その人に寄り添う姿勢でいることも伝えましょう。

　うつ病の人のなかには、おしゃれ好きな人もいます。理美容を提供する場合は、自宅でできる訪問理美容や個室対応など、利用客の負担にならない環境に配慮し、無理に話しかけないことも重要です。

3　知的障害のある人に美容を提供する際の　接客ポイントと注意点

　知的障害について、厚生労働省は「知的機能の障害が発達期（おおむね18歳まで）にあらわれ、日常生活に支障が生じているため、何らかの特別の援助を必要とする状態にあるもの」としています。精神発達年齢によって周囲の認識の仕方が変化するとともに、環境への配慮や工夫によって発達していけるという点も忘れてはなりません。

　では、**表4-19**にあるスウェーデンの知的区分による「認知機能とコミュニケーション力」に合わせて「美容上の配慮」を加えた例を見ていきましょう。

　ライフステージ（乳幼児期～高齢期）の変化に伴って生活体験も変化するため、その段階を踏まえたサポートが必要になります。**表4-19**のように、認知能力やコミュニケーション力によって困りごとを予測し、接客や環境の工夫を行うことは重要です。

表4-19　知能区分と美容上の配慮

IQ	認知機能とコミュニケーション力	美容上の配慮
10以下	・手が届くところだけの認識 ・写真、話し言葉の理解が難しい ・繰り返し経験すれば、それが心地よいか否かを表現できる	・美容の意味を理解することは困難であるため、できる限り心地よさを提供できるように接し方や提供の仕方を工夫する
10 ～ 25程度	・経験したことは理解できる ・時間の流れを絵や写真の日課表で理解できるようになる ・位置や距離、量の多い／少ないなどの概念がわかる ・話し言葉が発達する	・簡単な言葉で、何を行うかを説明する ・希望を絵や写真で聞く ・どのくらいの時間がかかるのか、その間どうしてほしいのかを時計の針の位置や絵、図で示す
25 ～ 45程度	・お金の理解が始まる ・時計が何に使われるかわかる ・経験したことなら2つの出来事を原因と結果として結びつけられる	・美容行為の心地よさを体験するとともに、人との関係やお金の受け渡しについて、体験しながら学ぶ機会にする
45 ～ 70程度	・想像ができ具体的なものの理解が進む ・お金は使えるが計画的な使用は難しい ・時計の見方はわかるが、計画的に時間を使うことは難しい ・「～なら～だろう」という推論が可能になる ・読み書きが可能になる	・TPOに合わせた美容の提案ができる ・外出準備などに美容をどう取り入れるかなど、あらゆる状況を想定して練習などの提案をする ・オンタイム（外出）とオフタイム（休息）の切り替えを実践とともに提案する

しかし、その人が青年期や壮年期にあれば、社会のなかでは消費者であったり職業人であったり、家族のなかでは親であったりするかもしれません。そういった社会的な立場を尊重し、その役割の助けとなるような身だしなみを提案することも重要になってきます。高齢期であれば、その尊厳を保てるような対応が必要です。美容は、知的障害者にとって損なわれやすい尊厳を取り戻すためのサポートにもなり得るということを意識しましょう。

4 発達障害のある人に美容を提供する際の接客ポイントと注意点

発達障害は、発達期（低年齢）から何らかの脳機能障害が考えられる特徴的な行動が見られます。しかし、特性に応じた支援を受けることができれば、十分に力を発揮できる可能性もあります。発達障害者支援法において、「発達障害」は「自閉症、アスペルガー症候群その他の広汎性発達障害、学習障害、注意欠陥多動性障害その他これに類する脳機能の障害であってその症状が通常低年齢において発現するもの」と定義されています。しかし、それぞれの障がいは少しずつ重なり合っているため、診断するのが難しいといわれています（図4-13）。

ここでは自閉症、アスペルガー症候群などを含めた自閉症スペクトラム（Autism Spectrum Disorder: ASD）として示します。これらは対人関係の難しさやこだわりの強さなど、共通した脳の特性があります。その特性に応じた美容上の配慮や工夫に関する視点をもつことで、一人ひとりの違いに目を向け、コミュニケーションや環境への配

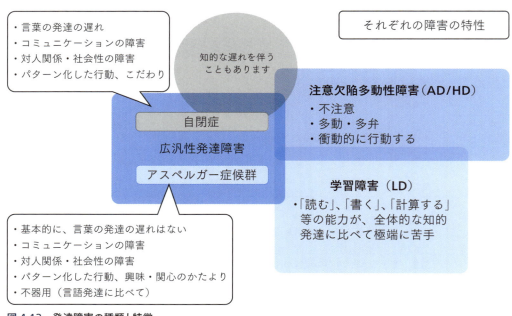

図4-13　発達障害の種類と特徴
出典）厚生労働省「政策レポート」（https://www.mhlw.go.jp/seisaku/17.html）

表 4-20　自閉症スペクトラム（ASD）の共通した特性と美容上の配慮や工夫

共通した特性	内容	美容上の配慮や工夫
社会的コミュニケーション障害	・視線や表情などで他人との意思疎通を図る相互関係をもつことが苦手 ・言葉の表面的な意味にとらわれやすい	・接客時のコミュニケーションにおいては「ゆっくり」「短く」「正確に」伝える。遠回しな表現やあいまいな表現は避ける ・「～しなさい」などの強制する言葉や「～してはダメ」といった禁止用語ではなく、「～しよう」「～できますか」などといったポジティブな表現にする ・図などを用いて、どうしてほしいか、どうするのかをわかりやすく提示する ・失敗行動はともに考え、うまくできたときはしっかり褒める
反復的な行動パターン	・こだわりがある ・においや音、光などに対する感覚の敏感さや、記憶などに関する独特さがある	・苦手なことや得意なことを教えてもらうか、こちらで気づけるように関わる ・大きな声や音、強い光や騒々しい場所が苦手な場合が多いため、個室を用意するなどして環境を整える

慮などにつなげることが望まれます（**表4-20**）。

5　ケアの目的と方法

　精神障害・知的障害・発達障害は、身体障害と異なり、外見からはわかりません。そのため、その人の特性や困りごとがわかりづらく、誤解されてしまうことがあります。しかし、周囲の人や社会との関わりが、これらの人の生活や社会への適応を助け、かつ成長を促すことにつながります。したがって、単に美容の施術と考えるのではなく、施術を通して社会になじむきっかけをつくっていると考えておくとよいでしょう。

　ただし、美容は人にとって有益だからと施術を優先しないように気をつけてください。

　精神障害や発達障害の症状は、ドパミンやセロトニンなどの脳内の神経伝達物質との関係が指摘されています。つまり、前述したように、認知症の人とは刺激に対する過敏性や捉え方に違いがあることに注意することが重要です。

　認知症の人と同様に、外出自体がつらい場合は、訪問理美容を利用することができます。理美容室を利用するにしても、訪問理美容を利用するにしても、重要なのは接客です。接客のポイントについては本節と併せて第3節も参考にしてください。

　ここでは、施術をする人と施術を受ける人、その家族との間で事前に共有しておきたい項目を挙げておきます（**表4-21**）。

表 4-21　共有しておきたい項目

①衛生管理への配慮（理美容室として気をつけていることなど）
②利用者の障がい・身体状況に関する情報・必要な配慮
③利用者とのコミュニケーション方法・注意点に関する情報・必要な配慮
④美容施術環境・安全への配慮（環境整備・使用する道具や機器・照明・音楽・香りなど）
⑤美容施術中の身体状況に関する情報・必要な配慮（施術内容に応じて気をつけるべきことなど）
⑥プライバシーの保護に関する情報・必要な配慮

》TOPICS 6

美容室における発達障害者への対応

　障がいがある人には、個別での合理的配慮が必要とされますが、私たちの仕事はそもそもパーソナルな対応が求められるものです。したがって、個別での合理的配慮を特別なことと捉えるのではなく、対応力を高める実践と捉えましょう。そのためには、ふだんから障がいに関する知識と、障がい者への対応技術を学ぶことが必要です。そして、知識と技術を学ぶ必要があるのは担当美容師に限った話ではなく、サロン全体、美容業界全体についても同じことがいえます。それが社会全体に広がり、合理的配慮とその実践が当たり前になっていくことを望みます。

【事例】

　小学校高学年のB君は、重度の発達障害があります。ヘルパーに連れられて近所の美容室で髪をカットしていましたが、その美容室では、美容師もヘルパーもとにかくB君の髪を切ることを優先していたため、嫌がって暴れるB君をなかば押さえつけるような状況でカットしており、B君にとって「美容室＝嫌なことをされる場所」というイメージになっていました。そして、B君がこの先も嫌な思いをしてまで美容室に行かなくてはならないのかと心配した家族が、私の美容室に相談にきました。

　私たちは、B君の美容室に対するイメージを変えるために、まずは美容室に安心感をもってもらおうと考えました。そこで、安心できる環境づくりを目標に、B君に美容室の近くまで来てもらい、お互いに挨拶をするところから始めました。次第に美容室の中まで入ってきてくれるようになりましたが、美容室内ではすぐにハサミを見せるのではなく、写真や絵本を使って髪の毛をカットするところを見せ、それに慣れてもらうようにしました。その結果、1年後には、ようやく暴れることなく髪をカットすることができるようになりました（まだクロスを着けることはできていませんが）。

第 7 節　人生の最終段階と美容

1　多死社会と人生の最終段階にある人の理解

1　多死社会とその課題

　太平洋戦争の後、出生数の増加や寿命の延伸に伴い、日本の総人口は増加を続け、1967（昭和42）年に初めて1億人を超えました。長寿化は衛生状態や食糧事情の改善、そして医療・医学の進歩の恩恵であったと考えられます。

　しかし、1970年代以降に少子化が進んだことで、総人口は2008（平成20）年の1億2808万人をピークに毎年減少しており、減少幅も毎年拡大しています。このような、高齢化の後に死亡数が増加し、人口減少が加速する状況は、多死社会と呼ばれています。

　多死社会では、死のあり方も人それぞれです。どのような姿で遺影写真を撮るか、どのような服、化粧、髪型で旅立つかなど、人生の最終段階において美容が果たす役割は、より一層、重要になります。

2　人生の最終段階とは何か

　人が亡くなる前の一定期間のことを終末期と呼びます。終末期医療をめぐっては、1990年代から2000年代にかけて、積極的安楽死や人工呼吸器の取り外しといった重大な事案が発生しました（**表4-22**）。そのようななか、厚生労働省は2007（平成19）年に「終末期医療の決定プロセスに関するガイドライン」を策定しました。そして、2015（平成27）年3月に、最期まで本人の生き方（＝人生）を尊重し、医療・ケアの提供について検討することが重要であることから、ガイドラインの名称を「人生の最終段階における医療の決定プロセスに関するガイドライン」に変更しました。さらに、2018（平成30）年には、アドバンス・ケア・プランニング（Advance Care Planning：以下、ACP）の重要性を考慮するとともに、病院だけでなく介護施設・在宅の現場も想定したガイドラインとすることを目的に改訂が行われ、名称も「人生の最終段階における医療・ケアの決定プロセスに関するガイドライン」（以下、プロセスガイドライン）となりました。

プロセスガイドラインの解説編では、「人生の最終段階」について、以下のように説明しています[5]。

> 人生の最終段階には、がんの末期のように、予後が数日から長くとも2−3ヶ月と予測が出来る場合、慢性疾患の急性増悪を繰り返し予後不良に陥る場合、脳血管疾患の後遺症や老衰など数ヶ月から数年にかけ死を迎える場合があります。どのような状態が人生の最終段階かは、本人の状態を踏まえて、医療・ケアチームの適切かつ妥当な判断によるべき事柄です。

　実際のところ、疾患や病態によって、死への軌跡はさまざまです（**図4-14**）。そのため、「人生の最終段階」は、一定の医学的条件下であれば自動的に決まるというものでもありません。また、過去に発生した問題への反省から、医師が単独で判断することも不適切であると考えられています。そのため、プロセスガイドラインでは、一人ひとりの状態を踏まえ、その人に関わる多職種の連携によって人生の最終段階にある

表4-22　プロセスガイドライン策定以前における積極的安楽死と人工呼吸器の取り外しをめぐる主な事案

事案の発生場所	類型	時期	伝えられている概要	司法処分等
東海大学医学部付属病院（神奈川県）	積極的安楽死	1991年4月	がんで入院中の昏睡状態の患者（58歳）の家族から治療の中止や「楽にしてやってほしい」等と求められ、主治医が点滴等の治療を中止、塩化カリウム等の薬物を患者に注射して死亡させた。	横浜地裁判決（1995年3月）殺人罪、懲役2年、執行猶予2年
国保京北病院（京都府）	積極的安楽死	1996年4月	末期がんで入院していた昏睡状態の患者（48歳）に、主治医が筋弛緩剤を投与、約10分後に死亡させた。	殺人容疑で書類送検（1997年4月）→実際に使用した量が致死量に充たないため不起訴（1997年12月）
川崎協同病院（神奈川県）	積極的安楽死、人工呼吸器取り外し	1998年11月	気管支喘息発作により意識不明となった患者（58歳）に対し、主治医が人工呼吸器を取り外したが、苦しそうに見える呼吸を繰り返したことから、准看護師に命じて筋弛緩剤を静注、患者を死亡させた。	東京高裁判決（2007年2月）殺人罪　懲役1年6か月、執行猶予3年→最高裁上告棄却（2009年12月）（公訴事実には、治療の中止と積極的安楽死の両方が含まれる）
関西電力病院（大阪府）		1995年2月※2003年報道	患者が日頃、子どものそばで臨終を迎えたいともらしていたところ、主治医は、家族から言われた「何とかしてください」という言葉を、安楽死を促されたと受け取り、けいれんを起こしていた末期がんの患者（46歳）に塩化カリウム10mLを注射して死亡させた。	殺人容疑で書類送検（2003年8月）→薬剤投与と死亡の因果関係を立証できないとして不起訴（2004年3月）
北海道立羽幌病院（北海道）	人工呼吸器取り外し	2004年2月	食事の誤嚥で心肺停止となって人工呼吸器が装着された患者（90歳）について、主治医が「脳死状態で回復の見込みはない」と家族に説明し、人工呼吸器を取り外して患者を死亡させた。	殺人容疑で書類送検（2005年5月）→人工呼吸器の取り外しと死亡の因果関係が薄いとして不起訴（2006年8月）
寺岡整形外科病院（広島県）	人工呼吸器取り外し	2005年3月	肺炎、腎不全、意識不明状態となった患者（70歳代）に対し、家族の要望で主治医が人工呼吸器を取り外し、死亡させた。	起訴されたとの報道なし
射水市民病院（富山県）	人工呼吸器取り外し	2000年以降※2006年3月報道	末期状態の患者7名に対して、家族の希望で主治医が人工呼吸器を取り外し、死亡させた。	殺人容疑で書類送検（2008年7月）→不起訴（2009年12月）

出典）第5回社会保障審議会後期高齢者医療の在り方に関する特別部会（2006年12月12日）の資料1をもとに著者作成

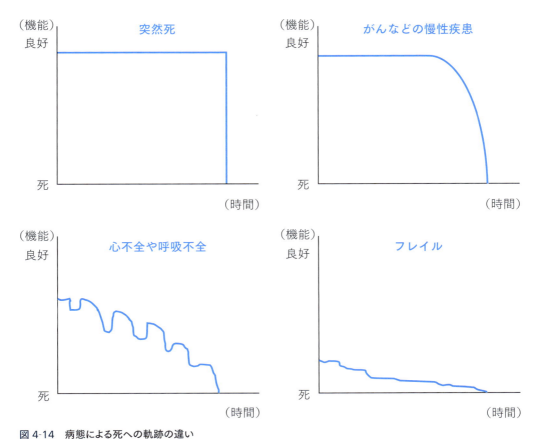

図 4-14　病態による死への軌跡の違い
出典）Lunney, J. R., Lynn, J., Hogan, C., "Profiles of Older Medicare Decedents", *J Am Geriatr Soc*, 50(6),pp.1108-12,2002. をもとに著者作成

のか検討することを求めているのです。

3　ジェロントロジーとフレイル

　フレイルについては、第3章第6節5「フレイルと美容」で述べましたが、フレイルに伴う問題に包括的に対応するには、老年医学（Geriatrics）的な観点だけではなく、高齢者の特性をもっと広く学際的に捉えるジェロントロジー（Gerontology）的な観点がとても重要です。

　一般には、治癒を目指すことが当然と考えられる肺炎や骨折のような病態であっても、フレイルな高齢者の場合、医療・ケアの目標はそれぞれの人によって、あるいは、その人が主観的に捉える人生の段階によって異なります。さまざまな速度で身体的、精神的、経済的、社会的にフレイルになっていくことが不可避ななかで、医療・ケア提供者には、一人ひとりの価値観や医療・ケアの目標を個別に探索することが求められています。

4　人生の最終段階において本人の意思を尊重するには

　プロセスガイドラインの解説編では、「医師等の医療従事者から適切な情報の提供と説明がなされ、それに基づいて医療・ケアを受ける本人が多専門職種の医療・介護従事者から構成される医療・ケアチームと十分な話し合いを行い、本人による意思決定を基本としたうえで、人生の最終段階における医療・ケアを進めることが最も重要な原則である」と記されています[6]。これは、生命・医療倫理の四原則（**表4-23**）のうち、自律尊重原則に焦点を当てているものです。

　プロセスガイドラインは、人生の最終段階における医療・ケアの方針の決定手続きを、①本人の意思が確認できる場合と、②本人の意思が確認できない場合に分類して説明しています。日常臨床では、「本人の意思が確認できる」かどうか、意思決定能力を評価します。その際、年齢、病名、外見、言動、社会背景のみから、「意思決定能力はない」と結論づけることがないようにすること（偏見の排除）、意思決定能力の評価は、想定されている医療・ケアの内容に応じて変化すること（相応性）、意思決定能力を評価する際には本人のもつ能力を最大限発揮できるように支援すること（エンパワメント）、意思決定能力を固定的に考えず、機会のあるごとに評価を実施すること（変化受容）が大切です[7]。また、意思決定能力が十分にないと判断されるまで、意思決定能力があるものとして対応することが原則です。

　医療・ケアの方針を決定しようとするとき、医学的なエビデンスと患者の価値観を共有したうえで十分な議論を行い、相互に合意された方針に到達することを目指します。こうしたプロセスは、共同意思決定（Shared Decision Making：SDM）といわれており、自律尊重原則と無危害原則・善行原則・正義原則のバランスを考えた医師—患者関係であると考えられています[8]。

　たとえ意思決定能力が十分にないと判断される場合であっても、なるべく平易に説明を行って本人の意向や気持ちを探索することが大切です。さらに、家族等による推定意思や最善の利益を検討します。本人の意思決定能力が十分ではない場合、本人の意向の確認、家族等による本人の意思の推定や最善の利益の検討は、一体的に実施されることが多いと思われます。

　逆に、意思決定能力が十分にあると判断される場合、医療・ケア提供者から見て不合理に感じられる方針であっても、基本的に患者の意向は尊重されます。しかし、意思決定能力が十分にない患者が、医療・ケア提供者が最善と考える方針に対して拒絶

表4-23　生命・医療倫理の四原則

自律尊重原則	自律的な患者の意思決定を尊重せよ
無危害原則	患者に危害を及ぼすのを避けよ
善行原則	患者に利益をもたらせ
正義原則	利益と負担を公平に配分せよ

出典）水野俊誠「医療倫理の四原則」赤林朗編『入門・医療倫理Ⅰ［改訂版］』勁草書房、p.57、2017年をもとに著者作成

的な感情や態度を示す場合は、方針の決定が難しくなります。

　ある人が自己決定したことが、本当にその人の自律的な意思決定であるのかの判断は困難です。社会的な文脈、制度の上の制約、家族や医療・ケア提供者との人間関係から、完全に自由にはなれないでしょう。また、自分の考えや希望よりも、家族等や医療・ケアチームとの信頼や相互依存、あるいは和を重視することに価値があるという人もいます。そのような価値観を大切にしながらも、患者本人の権利が不当に抑え込まれないよう、注意する必要があります。

　多職種で検討を行っても方針を決定することが困難な場合などには、臨床倫理コンサルテーションを依頼するなど、臨床倫理支援を受けることが考えられます。臨床倫理コンサルテーションは多くの病院で実施されており[9]、今後は在宅医療・ケアの分野でも普及することが期待されています[10]。

2　ACPと意思決定を支える多職種の関わり

1　ACPとは何か

　先に述べたとおり、2018（平成30）年3月のプロセスガイドラインの改訂で、ACPの重要性が取り入れられました。また、同年11月にはACPの愛称として「人生会議」が選定され、ACPの普及啓発活動が全国に展開されるようになりました。そのため、一般市民もACPや人生会議について見聞きする機会が増えていると思われます。

　厚生労働省は、ACPを「もしものときのために、あなたが望む医療やケアについて、前もって考え、繰り返し話し合い、共有する取組」としています[11]。「もしものとき」とは、意思決定能力が十分に発揮できなくなったときのことです。一方、日本の研究者のグループから2022（令和4）年に日本版アドバンス・ケア・プランニングについての論文が出版されました[12]。この論文では、日本の多くの専門家の意見を参考にして日本版ACPの定義が提唱されています。著者のグループが日本語訳をWebで

表 4-24　日本版 ACP の定義

アドバンス・ケア・プランニングとは、必要に応じて信頼関係のある医療・ケアチーム等※1の支援を受けながら、本人が現在の健康状態や今後の生き方、さらには今後受けたい医療・ケアについて考え（将来の心づもりをして）、家族等※2と話し合うことです。

特に将来の心づもりについて言葉にすることが困難になりつつある人、言葉にすることを躊躇する人、話し合う家族等がいない人に対して、医療・ケアチーム等はその人に適した支援を行い、本人の価値観を最大限くみ取るための対話を重ねていく必要があります。

本人が自分で意思決定することが困難になったときに、将来の心づもりについてこれまで本人が表明してきた内容にもとづいて、家族等と医療・ケアチーム等とが話し合いを行い、本人の価値観を尊重し、本人の意思を反映させた医療・ケアを実現することを目的とします。

※1　本人の医療やケアを担当している医療、介護、福祉関係者
※2　家族や家族に相当する近しい人

出典）日本版アドバンス・ケア・プランニング HP「日本版アドバンス・ケア・プランニングの定義」（https://acp-japan.org）

第 7 節　人生の最終段階と美容　　**171**

公開していますので、**表4-24**に示します。厚生労働省の定義と比較すると、ACPで話し合うことが、「もしものとき」のことや「医療・ケア」に限定されない記載となっており、2018（平成30）年から2022（令和4）年にかけて、ACPの射程が広くなったことが示唆されます。

2　ACPはどのように行うのか

ACPは、心の準備ができている人であれば、どのような人でも対象となります。対象者・時期に関して、森らはACPを3つに分類して説明しています（**表4-25**）。実際にACPを行う場合には、対象者や時期によって話し合う内容は変化するため、**表4-25**の分類を参考にしながら話し合う内容を検討します。医療・ケア提供者として関わるのでなければ、本人の人となりを理解すること、大切にしていることや嫌だと思っていることを教えてもらうこと、もし自分のことを自分で決められなくなったら心配に思っていること、信頼している周囲の人は誰なのか、ということなどを傾聴したり、語り合ったりするとよいでしょう。

表 4-25　ACP の分類

分類	対象者	話し合う内容の例
①一般的な ACP（General ACP discussion）	成人で意思決定能力がある人、健康もしくは持病があっても安定している人	価値観や命に対する考え方について、危篤の状態となった場合にどのような医療・ケアを望むかなど
②病気や病状に応じた ACP（Disease-specific ACP discussion）	成人で意思決定能力がある人、慢性疾患があり入院を繰り返している人、持病の病状が進行してきている人	①で挙げた内容のほか、病気や病状のこれからの見通し、医療・ケアの選択肢、医療・ケアを受ける場所、希望する医療・ケア、受けたくない医療・ケアについてなど
③死が近づいたときの ACP	成人で意思決定能力がある人、もしくはその代理決定者、持病の進行で死が近づいている人	死が近づいたときに希望する医療・ケア、死が近づいたときに希望する療養場所、心肺蘇生に関する希望など

出典：「患者・家族と創る日本版アドバンス・ケア・プランニング〜人生最終段階の幸せを支える」2019 年度科学研究助成事業　研究代表者　森雅紀　分担研究者　木澤義之（https://www.med.kobe-u.ac.jp/jinsei/acp_kobe-u/acp_kobe-u/index.html）をもとに著者作成

もしバナゲームとは
「もしものための話し合い（＝もしバナ）」をするきっかけをつくるゲーム。「縁起でもないから」という理由で避けてしまいがちな、「人生の最期にどう在りたいか」という話題について、ゲームをしながら考え、話し合うことができる。自分や自分の大切な人の死生観、価値観に気づき、共有することにもつながる。

図 4-15　もしバナゲーム　　©iACP

ACPの導入に、「もしバナゲーム」を使用してみるのも1つの方法です（図4-15）。もしバナゲームを通して人生の最期にどうありたいかについて自分で考えたり、周囲の人たちと共有したりすることで、友人や家族に自分の願いを伝え、理解してもらうきっかけづくりにもなります。このゲームを行って自由に語り合うことが、一定程度ACPの話し合いにつながることが示唆されています[13]。

3 ACPはどのようなときに役立つか

ACPが実際に役に立つ局面は、大きく2つあると考えられます。

1つ目は、疾患の経過中に大きな判断が必要な場合です。たとえば、慢性の腎臓疾患と診断されていた人の腎機能が低下してきて、透析などの腎代替療法を実施するか、保存的腎臓療法かを選択する場面です。腎代替療法は生命維持治療ですので、実施することが基本ですが、腎代替療法のなかでも血液透析、腹膜透析、腎移植のどれを選択するのか決定しなければなりません。そのためには、それぞれがどのような治療方法で、どのようなメリットやデメリットがあるのかを理解し、自身の価値観に照らして判断することが望まれます。もし、あらかじめ「病気や病状に応じたACP」（表4-25）を繰り返し行っていれば、腎代替療法について医療・ケア提供者とのSDMがより深く、充実したものになることでしょう。

2つ目は、本人の意思決定能力が低下している場合です。認知症などによって慢性的に意思決定能力が低下する場合や、重篤な傷病のために意識障害に陥る場合が挙げられます。また、いわゆる終末期（人生の最終段階）には、およそ70％の人が十分な意思決定能力を失っているといわれています。そうしたとき、適切なプロセスで行われたACPの内容が共有されていれば、医療・ケア提供者と家族等が本人の意思と最善の利益を検討する際の貴重な根拠となるでしょう。

4 ACPを行う際に注意すること

先に述べたとおり、ACPは心の準備ができている人であれば誰でも対象となりますが、心の準備がまだできていない人にとっては、特に死が近づいたときの話題は負担となります。そのため、ACPを始めるにあたっては、心の準備状態について確認することも大切です。また、本人の意思は変化し得るものであること、一度に決められない内容もあること、また、一度に決めないほうがよい場合もあることを理解しておく必要があります。

3 ACPにおける美容の役割と期待

医学系論文のデータベース（医学中央雑誌）で、「美容師」で検索してヒットする論

文の多くは、接触性皮膚炎やアレルギーなどの、美容師という職業に起因した疾患に関するもので、いわば「患者としての美容師」に焦点を当てたものでした。その傾向は今も大きくは変わっていませんが、2005（平成17）年頃からは「ケアを提供する立場としての美容師」をテーマとした論文が出現しています。具体的には、高齢者のおしゃれを支援するもの[14]、がん治療に伴う外見の変化に対する支援を行うもの[15] などがあります。私が特に注目したいのは、ケアを提供する地域につながる場として美容を捉えようとする視点です[16] [17]。そのような取り組みの先に、美容家がACPのプロセスに大きな役割を担う未来があるように思われます。

　家族や親しい友人以外に、個人的な会話を同じ人と一定時間、定期的に行う場として、美容室はとても貴重な存在です。せわしない医療現場よりも、美容家と一対一でじっくり接する時間のほうが、人々は価値観や人生観を話しやすいかもしれません。美容家が本人と話し合った記録は、ACPの重要な最初のステップになる可能性があります。記録がなくても、話し合った記憶が、その人のACPの第一歩になるかもしれません。本人の価値観や人生観をよく理解している美容家が、ACPの実施やACPを活用するプロセスに参加することができたなら、どれだけ豊かなACPとなることでしょう。医療、福祉、美容の連携に、私はそのような未来を期待しています。

　もう1つ、私が美容家に期待したいのは家族へのケアです。医療・ケア提供者は、ともすると患者の家族に対して、患者の意思を推定する人や介護担当者としての役割など、いわば患者本人や医療・ケア提供者のニーズに応えることばかりを求めてしまいがちです。しかし、一方で、命を脅かされる疾患に患者が罹患することによって、家族も身体的、精神的、あるいは経済的に負担を負ったり、生活環境の変化に直面しているかもしれないという点は忘れられやすい傾向があります。そのような家族のメンバーと、患者の家族としてではなく、一人の人として接することができる美容家は、医療・ケアにおいても重要な役割を果たせるのではないでしょうか。

≫TOPICS 7

家族写真の撮影

【事例】

　Cさん（51歳）は、娘と息子2人の4人家族でした。乳がんの末期で、余命1か月と宣告されたCさんは、痛み止めは処方されていたものの、時々息苦しさを伴う身の置き所のないつらさを訴えていました。Cさんは、主治医や子どもたちを交えて話し合いを続けた結果、最期まで自宅で家族とともに過ごすことにしました。

　また、Cさんには「母親に仕立ててもらった着物を着て、振り袖姿の娘とネクタイ姿の息子たちと一緒に家族写真を撮りたい」という夢があり、その夢を叶えるために、チームが立ち上がりました。チームには、Cさんの娘さんを中心に、主治医、訪問看護師、ケアマネジャーがいて、Cさんの身体への負担を最小限にする方法について検討していました。主治医と家族、訪問看護師、美容福祉師とケアマネジャー、写真館のカメラマンなど、多職種が加わり、美容福祉師は施術の場所・可能な姿勢、内容、所要時間など、看護師は車いすへの移乗や撮影場所への移動、体調の変化への対応、医師は痛み止めの調整など、それぞれの担当分野についてシミュレーションを重ねて当日に臨みました。

　当日は、先に娘さんの支度を済ませ、それからベッドで仰向けに休んでいるCさんの状態が安定していることを確認し、そのままの姿勢で、短時間でヘア＆メイクを顔色が明るく血色感のある印象に仕上げました。

　車いすで写真館に移動した後は、カメラマンが撮影のスタンバイをしているなか、Cさんに上半身の姿勢を維持できることを確認し、撮影用のいすに広げてある着物の上にCさんを案内して、パジャマの上から身体に負担のかからない方法で、着付けを無事終わらせました。

　3人の子どもたちがCさんを囲む（見守る）ように立ち、カメラが向けられた瞬間、Cさんの背筋がピンと伸びて満面の笑みになりました。その姿は、周りを圧倒するほど美しいものでした。撮影後、すぐに看護師がCさんのバイタルを確認し、問題なかったため、子ども一人ひとりとの写真も無事撮影することができました。

　Cさんの夢が叶えられた瞬間でしたが、我々にとっては、今を生きようとするCさんの気持ちの高まりが感じられた瞬間でもありました。そして子どもたちにとっても、Cさんを失う悲しみを乗り越えるために必要な時間だったように思います。

　このかけがえのない思い出が、Cさん亡き今、遺族にとってのグリーフケアになっているようです。

》TOPICS 8

人生の最期のあり方

　著書『夜と霧』で有名な精神科医のフランクルは、生きる意味は問うものではなく、その時々の体験で実現するものである、と言っています。たとえば、芸術や自然、そして人との出会いで起こる感動そのものが意味となるのであり、「人生は『最後の息を引き取るときまで』意味のあるものに形づくることができる」としています。

　東京都にある青梅慶友病院は、「年を重ねても美しく」という美容福祉のあり方を実現している病院です。最後までおしゃれをする、おいしく食事をする、音楽などの芸術を楽しむなどといった、治療より生活自体を大切にしたケアを進めています。

　以下は、その病院のスタッフから聞いたお話です。

【最後の誕生日のお願い】

　この病院には、生活活性化員（現在はリビングサポーター）といって、生活を活性化するためのレクリエーションを企画する、体育大学出身の若い男性スタッフがいます。患者さんの多くは100歳近い女性で、若い男性スタッフの存在はとても喜ばれていました。彼らは、患者さんの誕生日に、その人だけの願いを叶えるという企画を進めていたのですが、ある日、100歳を迎えた女性が、その生活活性化員のなかでも一番人気のイケメン君とデートがしたいというお願いをしたのです。その願いを叶えるために、イケメン君は時間を調整し、女性も化粧や装いを専門のケアワーカーとともにおしゃれに整えて、食事や散歩といったデートを楽しんだそうです。

　その方は翌年に亡くなったそうですが、まさにフランクルのいう「最後の息を引き取るときまで意味あるもの」を実現された事例ではないでしょうか。そしてそれを可能にしたのは、最期のあり方を自己決定できる本人の力と、それを引き出し、支えたスタッフの連携の賜物だと考えます。

　私たちは、どのような最期を迎えたいのか、最後の息を引き取るまでどう生きたいのかを考えること、そしてサポートする立場の人は、それを実現するために、どう支えるかを考えることが重要だと気づかされる事例でした。

引用文献・参考文献

（第 2 節）

1) Keiko, N., Shoko, T., Chikako, S., "Distress and impacts on daily life from appearance changes due to cancer treatment: A survey of 1,034 patients in Japan", *Global Health & Medicine*, 5(1), pp. 54-61, 2023.

2) 日本毛髪工業協同組合「医療用ウィッグ『安心・安全』マーク『Med・ウィッグ』」http://nmk.or.jp/lp_medwig_ur/index.html（2024 年 5 月 10 日閲覧）

3) 日本がんサポーティブケア学会編『がん治療におけるアピアランスケアガイドライン 2021 年版』金原出版、2021 年 http://jascc.jp/about/publications/（2024 年 5 月 10 日閲覧）

- 公益財団法人がん研究振興財団「がんの統計 2023」2023 年
- 中川恵一『がんの教科書 ビジュアル版』三省堂、2006 年
- 厚生労働省「がん対策推進基本計画」https://www.mhlw.go.jp/stf/seisakunitsuite/bunya/0000183313.html（2024 年 5 月 10 日閲覧）
- 警察庁「日本在住で日本の運転免許証をお持ちの方」https://www.npa.go.jp/policies/application/license_renewal/japan.html#p1（2024 年 5 月 10 日閲覧）
- 野澤桂子・藤間勝子編『臨床で活かすがん患者のアピアランスケア 改訂 2 版』南山堂、2024 年
- 「がんやその治療に伴う外見変化に起因する身体・心理・社会的な困難に直面している患者とその家族に対し、診断時からの包括的なアセスメントに基づき、多職種で支援する医療者のアプローチ」（令和 5 年度厚労省研究班による最新の定義）

（第 3 節）

- 介護福祉士養成講座編集委員会編『最新介護福祉士養成講座 13 認知症の理解 第 2 版』中央法規出版、2022 年
- 山口晴保「認知症の脳活性化リハビリテーション」『老年期認知症研究会誌』第 18 巻、pp.133-139、2011 年
- 『認知症サポーター養成講座標準教材 認知症を学び地域で支えよう』全国キャラバン・メイト連絡協議会、2023 年

（第 4 節）

- 山野愛子ジェーン監『ビューティクラブ』vol.642、財団法人国際美容協会、2004 年
- 山野愛子『美容芸術論――世界で初めて公開する美道の研究』IN 通信社、1991 年
- 山野正義『生きるほどに美しく――美容福祉の真髄』IN 通信社、2003 年
- 山野愛子ジェーン『山野愛子ジェーンのひとりで着る！きものレッスン』主婦と生活社、2006 年

（第 5 節）

4) 大熊由紀子『「寝たきり老人」のいる国いない国――真の豊かさへの挑戦』ぶどう社、p.26、1990 年

（第 6 節）

- 介護福祉士養成講座編集委員会編『最新介護福祉士養成講座 14 障害の理解 第 2 版』中央法規出版、2023 年

（第 7 節）

5) 厚生労働省「人生の最終段階における医療・ケアの決定プロセスに関するガイドライン 解説編（改訂）」2018 年 3 月 （https://www.mhlw.go.jp/file/04-Houdouhappyou-10802000-Iseikyoku-Shidouka/0000197702.pdf）

6) 同上、p.3

7) 堂囿俊彦・竹下啓編著、神谷惠子・長尾式子・三浦靖彦『倫理コンサルテーションケースブック』医歯薬出版、pp.44-45、2020 年

8) 同上、pp.8-9

9) Takeshita K., Nagao N., Kaneda H., Miura Y., Kinjo T., Takimoto Y., "Report on the Establishment of the Consortium for Hospital Ethics Committees in Japan and the First Collaboration Conference of Hospital Ethics Committees", *Asian Bioeth Rev*, 14(4), pp.307-316,2022.

10) Takeshita K., Nagao N., Dohzono T., Kamiya K., Miura Y., "Ethical Issues faced by Home Care Physicians and Nurses in Japan and their Ethics Support Needs: a Nationwide Survey", *Asian Bioeth Rev*, 15(4), pp.457-477,2023.

11) 厚生労働省「人生会議（ACP）普及・啓発リーフレット」（https://www.mhlw.go.jp/content/10802000/000536088.pdf）

12) Miyashita J., Shimizu S., Shiraishi R., Mori M., Okawa K., Aita K., Mitsuoka S., Nishikawa M., Kizawa Y., Morita T., Fukuhara S., Ishibashi Y., Shimada C., Norisue Y., Ogino M., Higuchi N., Yamagishi A., Miura Y., Yamamoto Y., "Culturally Adapted Consensus Definition and Action Guideline: Japan's Advance Care Planning", *J Pain Symptom Manage*, 64(6), pp.602-613,2022.

13) Ohnuki Y., Takahashi K., Suzuki MY., Takeshita K., "Possible Significance of a Café-style Event to Introduce Advance Care Planning for General Citizens", *Tokai J Exp Clin Med*, 47(4), pp.209-214,2022.

14) 渡辺聰子「『美容福祉』高齢者のおしゃれを支援する――エイジングコスメで暮らしをイキイキ楽しく美しく vol.4」『地域ケアリング』2008 年 6 月号、ニューサイエンス社、pp.137-145

15) 髙階淳子・眞壁幸子・安藤秀明・煙山晶子・今野麻衣子「地域の理美容院によるがん患者へのアピアランスケアの現状と課題」『医療の広場』第 60 号、pp.30-32、2020 年

16) 大西典子「地域社会につなぐ『美容福祉』――サイエンス化粧ケア vol.3」『リハビリナース』第 13 巻第 3 号、pp.280-283、2020 年

17) 小林雄斗・村山明彦・臼田滋「地域在住高齢者の社会参加を維持する場としての美容院の可能性――理学療法士との協働に着目した予備的研究」『理学療法群馬』第 33 号、pp.50-57、2022 年

- 内閣府「令和 5 年版高齢社会白書（全体版）」
- 知恵蔵 mini「多死社会」https://kotobank.jp/word/%E5%A4%9A%E6%AD%BB%E7%A4%BE%E4%BC%9A-192453

- 「医師『患者・家族の意思尊重』遺族と食い違い　関電病院『安楽死』」『朝日新聞』2003 年 8 月 8 日
- 「殺人容疑で書類送検の医師不起訴　関電病院『安楽死』」『朝日新聞』2004 年 3 月 23 日
- iACP「もしバナゲーム」https://www.i-acp.org/game.html
- 日本老年医学会「フレイルに関する日本老年医学会からのステートメント」2014 年 5 月　（https://www.jpn-geriat-soc.or.jp/citizen/pdf/20140513_01_01.pdf）

第 **5** 章

美容福祉実践における
感染予防対策

第 ① 節 新型コロナウイルス感染症予防対策とジェロントロジー

1 新型コロナウイルス感染症がもたらした混乱

日本では、2020（令和2）年初頭から、新型コロナウイルス感染症の流行が始まり、社会は混乱に包まれました。当時は多くの人が不要不急の外出を控えることとなり、買い物に行けなくなるほか、各種サービスを受けられなくなるなど、あらゆる人の生活の質が低下し、大きな問題となりました。これに伴って、多くの店が閉店に追い込まれ、失業率も上昇し、世界が経済的な打撃を受け、大きな不安に包まれました。

その一方で、介護や医療は「緊急時だから」といって止めることはできません。現場の人々は、自分も感染するかもしれないという不安を抱えながら業務に当たりました。美容施術は、医療や介護と比較すると後回しにされてしまうかもしれませんが、人間にとってとても大切なことです。また、こういった事態が起こるたびに美容室が閉業の危機に追い込まれてしまうことは、社会にとっても望まれることではありません。

今後もいろいろな感染症が人類を悩ませることになると考えられますが、その際に適切に感染を抑えられるように行動し各種サービスを止めないことが、社会にとっても個人にとっても、大切なことであるといえます。

2 一般的な感染経路

これまで多くの感染症（インフルエンザや風邪など）が、「咳」や「くしゃみ」を浴びた場合に、感染リスクが高まると考えられてきました。ウイルスは、唾液や粘液の水分があることで元気に活動できます。会話をしているときに放出される、咳やくしゃみの飛沫を吸い込めば、感染することは容易に想像できるでしょう（飛沫感染）。咳やくしゃみは、身体の中で圧力を高め、その圧力を一気に開放することで勢いよく外に異物を放出しようとする人体の働きです。そのように、飛沫が高速で広範囲に噴射されることは大変危険といえます。しかし、この飛沫は大きく、すぐに床に落ちるので、マスクをするなどして直撃を防げば基本的に浴びるようなことはないでしょう。

そのほかにも、手を介した接触なども大きな感染経路の1つです。感染した人が、

180　第5章　美容福祉実践における感染予防対策

自分の鼻水や唾液、粘膜などを触った手で何かを触り、それを別の人が触り、その手で口や鼻、目を触ったりすれば、感染してしまう可能性があります（接触感染）。このような感染経路に関しては、マスクや眼鏡をしてこまめに手を洗えば、感染は基本的に防ぐことができます。

　ウイルスにもいろいろな種類があります。子どもの頃に予防接種を受ける麻疹（ましん）（はしか）は、感染者から放出されたウイルスを含む飛沫粒子が空気中を漂い、完全に乾燥したとしても感染力を保ちます。麻疹は、非常に強い感染力をもつウイルスです。たとえば、麻疹に感染した子どもが部屋で遊んでいたとします。この部屋から感染した子どもが帰った後、しばらくして別の子どもがこの部屋に入ったときにも、その子は感染してしまいます（ワクチンを打っている、既往歴がある、という場合は感染しません）。こういった感染経路は、空気感染と呼ばれています。新型コロナウイルスやインフルエンザウイルスなど、日常的に感染が懸念されるウイルスの多くは空気感染をするほどの感染力はもちません。すなわち、乾燥してしまえば、もう他の人に感染することはないのです。

3　エアロゾル感染とは

　ところが、新型コロナウイルスの流行時には、いわゆる「3密」と呼ばれた「密閉・密集・密接」した空間で、集団感染が発生したというケースが多く報告されました。このことから、新型コロナウイルスは呼吸や発話によっても感染するのではないかという議論が起きました。この3密で起きる感染は、エアロゾル感染と呼ばれるようになりました。

　エアロゾルとは、空気中に漂っている微小な液体または固体の粒と、周囲の気体の混合体のことをいいます。簡単な例を挙げると、たばこの煙や車の排気ガスなどもエアロゾルです。会話やくしゃみをすると、ウイルスを含んだ飛沫粒子が口から放出さ

図 5-1　感染経路の種類

れます。このなかでも、特に小さい「エアロゾル粒子」は、すぐに床には落ちず、長時間空気中を漂い続けます。エアロゾル粒子が感染者から放出された後、3密の環境では飛沫がすぐに乾燥することができません。このため、長時間感染力を保ったまま空気中を漂うことになり、それを吸って粘膜がエアロゾルにさらされた人が感染するのではないか、という可能性が指摘されたのです。この感染経路は、新型コロナウイルスで注目されることとなりましたが、一般的な風邪やインフルエンザにも同じことがいえるでしょう。

4 呼気の流れで感染を予防

　感染を防ぎたいときは、咳やくしゃみに注意し、マスク着用、手洗い・うがいをするのは当然です。それだけでなく、エアロゾル感染にも注意を払うことで、より確実に感染を予防することができるといえます。口から出たばかりの湿ったエアロゾル飛沫を高頻度で吸い込むこと、目などをさらすことはなるべく避けるように行動したいところです。

　人の呼吸、会話等で発されるエアロゾルを、呼気エアロゾルと呼びます。そこで、呼気エアロゾルが、どのように空気中を漂うのかを理解することが、利用客との接触の際に重要であるといえます。本章では、実際に行った実験データをもとに、呼気がどのように空間を移動するのかを解説します。この特性を理解することで、なるべくお互いの呼気が接触しにくくなるよう行動ができ、より高い確率で感染症を防ぐことができるでしょう。

第 ②節 新型コロナウイルス感染症と
接触時の呼気可視化研究

1 可視化方法

　吐いた息、呼気エアロゾルの流れを知るには、どうしたらよいのでしょうか。
　ウイルスが含まれた唾液などの飛沫は、5μm程度（1μmは1mmの1000分の1）といわれています。この中に含まれる新型コロナウイルスなどのウイルスの大きさは0.1μm程度です。そこで、筆者は電子たばこを、呼気エアロゾルを可視化するための目印として使用することにしました。電子たばこのリキッドはグリセリン（化粧水や浣腸などにも使用される成分）を主体としており、電子たばこで加熱するとエアロゾル粒子（0.1〜1μm程度）となることが知られています。この粒子の大きさは、エアロゾル感染が懸念される飛沫の大きさと一致します。たばこの煙を利用すれば、人体から放出されるエアロゾル飛沫を模擬して、可視化することができます。実験では、ニコチンを使わないリキッドを使用しました。
　実験は、人間、レーザー、カメラを用いて行いました。部屋を暗くし、見たい断面にシート状のレーザー光を入射させ、煙がレーザーの光で発光する様子をカメラで撮影しました。また、実際の接客を想定し、撮影中は「お願いします」という言葉を繰り返し発話しました。
　座っている場合、下を向いている場合、上を向いて横になっている場合について、それぞれマスクやフェイスシールドの有無で、息がどのように空間中に広がっていくかを撮影しました。

2 可視化結果

1　座っている人の息の動きとマスクの効果

　図5-2は、不織布マスクの有無によって、座っている利用客の口から出てくる電子たばこの煙がどう動くかを示した写真です（煙は呼気エアロゾルの流れを意味する）。美容室でサイドカットを行う場面を想定しています。利用客と施術者の頭の高さは30㎝程の高低差があります。

サイドカットの位置関係　　　利用客がマスクをしない場合　　利用客がマスクをした場合

図 5-2　座っている人の息の動き

　利用客がマスクをしない場合、口から出た煙は前方に向かい、空気中を乱れながら広がっていくことがわかります。特に、前方にいる人には息が直接当たることが予測されますが、その後は不規則に空気中に広がるため、どこに流れるか予測がつきません。

　一方で、利用客がマスクをした場合、呼気エアロゾルは前方に飛ばなくなることがわかります。空気自体はある程度マスクを通過するのですが、息の中に含まれる微細なエアロゾル飛沫は基本的にマスクを通過しないことがわかります。また、煙は頭の上から湯気のように立ち上っていることがわかります。マスクをすると、呼気エアロゾルは身体の表面にとどまり、ゆっくりと身体の表面に沿って上昇していることがわかったのです。これは、人体の表面にある大気よりも暖かい空気の層（温度境界層）にとどまった息を含む空気が暖められて膨張し、軽くなって上昇するためです。マスクをすることにより、口から出たばかりの息を他人に直接当てなくて済むようになることがわかります。

　ニンニクをたくさん食べた後や、口臭が強い人にマスクをしてもらったとき、相手の口臭がわかりにくくなったことはないでしょうか。このときも、同じことが起きているといえるでしょう。マスクをすることで、ウイルスを含んだ息の流れを変えることができるのです。

2　下を向いている人の息の動きとマスク・フェイスシールドの効果

　新型コロナウイルスが流行した際、「反マスク派」と呼ばれる人の意見がSNS等で目立ちました。このなかでも、フェイスシールドは感染症予防に意味がない、という話が広く認識されるようになりました。しかし、フェイスシールドをすれば、目の粘膜などに相手の咳やくしゃみの飛沫が直撃することも避けられますし、自分の咳やくしゃみも前方にまっすぐ進むということはなくなりますから、こういった点では有効であるといえます。では、エアロゾル感染に関してはどうなのでしょうか？

　図5-3は、下を向いている人の呼気エアロゾルの様子です。場面は美容室でのサイドシャンプー施術を模擬しています。施術者は利用客に覆いかぶさるように接近し、距離が近くなるうえ、顔も向かい合わせになる状況です。感染リスクが高いといえる

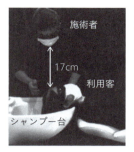   

サイドシャンプーの位置関係　　施術者がマスクをしない場合　　施術者がマスクをした場合　　施術者がマスクとフェイスシールドをした場合

図 5-3　下を向いている人の息の動き

でしょう。

　施術者がマスクをしない場合、吐いた息は下方に向かい、利用客を直撃することがわかります。先の場合と同じように、マスクをすれば防ぐことができるのでしょうか？

　この実験で発見したことは、下を向いている場合、施術者がマスクをしていても、マスクの上下端から漏れ出した息は、乱れながら下方に向かうということです。これは、人体の下方では人体表面の暖かい空気の層が薄くなること等が原因です（蝋燭を例に考えると、下のほうが炎の体積が少なく、芯の上に向かって長く伸びています。これも同じ現象です。暖かい空気は上に向かうのです）。人体表面の暖かい層の外に流れ出てしまった息は、その後ランダムに空気中を流れることになります。

　ここで、施術者がマスクに加えて、さらにフェイスシールドを着用すると、息が身体の暖かい表面にとどまりやすくなることで、暖められた息が下に向かわず、上昇することがわかりました。すなわち、介護、医療、マッサージ、シャンプーなどの場面で下方にいる人に接近する場合、マスクとフェイスシールドをどちらもつけると、相手に浴びせてしまう息の量を減らすことができるのです。

3　上を向いている人の息の動きとマスク・フェイスシールドの効果

　図5-4は、上を向いている人の息の動きを示しています。先ほどと同様にサイドシャンプーの施術を行う場面ですが、こちらは横になっている利用客の息に注目しています。

　利用客がマスクをしない場合、呼気はそのまま上方に向かって乱れながら広がっていくことがわかります。そして、上にいる施術者に息が直撃しています。利用客がマスクをした場合でも、マスクの上下から漏れた息が乱れながら上にいる施術者に直撃しました。マスクの生地を透過して出てくる息が流れを攪拌し、かつ暖かい身体が下にあることで、息は激しく乱れながら上に向かいます。このため、横になっている利用客に上からアプローチする場合、注意が必要です。また、利用客がマスクとフェイスシールドを併用した場合も、フェイスシールドの端から息が上に登ることがわかり

第 2 節　新型コロナウイルス感染症と接触時の呼気可視化研究　　185

| 利用客がマスクをしない場合 | 利用客がマスクをした場合 | 利用客がマスクとフェイスシールドをした場合 | 利用客が斜め上を向いてマスクをした場合 |

図 5-4　上を向いた人の息の動き

ます。利用客が斜め上を向いた場合は、額の上から息が立ち上ることがわかります。この場合、マスクを透過する息が流れを攪拌しないので、おでこからまっすぐ煙が立ち上り、予測しやすい動きをします。

　以上のことから、上を向いた利用客の真上は感染リスクが高くなるといえるでしょう。サイドシャンプーよりも、バックシャンプーのほうが息の直撃を避けることができます。また、完全にフラットにするのではなく、利用客に斜め上を向いてもらうことで、頭からゆっくりと呼気エアロゾルが立ち上るようにすることができます。

3　マスクの材質による違い

　マスクにはいろいろな種類があります。2020（令和2）年に新型コロナウイルスが流行し始めたばかりの頃は、若い人の間でウレタン製のマスクが流行りました。しかし、ウレタンのマスクは繊維の組織が粗いために、感染予防に効果がないのではといわれていました。これについても実験結果を見てみましょう。

　図5-5がその結果です。**図5-2**と同じくサイドカットの場面ですが、ここでは施術者側の息に注目しています。上段は不織布のマスクを着用した場合、下段はウレタンマスクを着用した場合、それぞれ時間経過に伴う息の流れを示しています。

　不織布のマスクを着用した場合、呼気エアロゾルはマスクを通過しないことが先ほどと同様に、わかります。しかし、ウレタンマスクの場合、呼気エアロゾルはウレタンを通過して、正面に拡散しています。そして、息は一般的に外気温や室温より暖かいため、身体を離れても上のほうに向かう傾向があることがわかります。

　ウレタンマスクであっても、咳やくしゃみのときに出る、大きな粒子は防ぐことができるといえますが、エアロゾル感染も防ぎたい場合は、不織布のマスクを着用するのがよさそうです。

時間経過 →

＜不織布のマスクを着用した場合＞

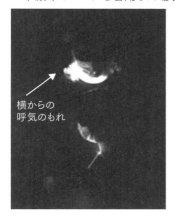

横からの呼気のもれ

＜ウレタンマスクを着用した場合＞

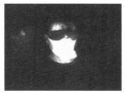

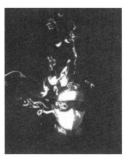

図 5-5　マスクの材質による息の動きの違い

第 **3** 節

接触を伴うケア時の感染予防対策と注意点

1 マスクとフェイスシールド着用の大切さ

　第2節の結果からわかるように、マスクやフェイスシールドを適切に着用することで、息の流れを変えることができます。口から出たばかりの息は湿っているため、感染力をもった飛沫である可能性が高まります。これを吸い込み、粘膜にさらされた相手は、感染するリスクが高まってしまうといえるでしょう。しかし、マスクを着用したとしても、頭部から放出された息は、部屋の中を漂って、いずれは他の誰かが吸い込むことになるかもしれません。それでもマスクをしないときよりは時間がかかることになります。時間がかかれば、微小な飛沫は乾燥させることができ、乾燥してしまえば、ウイルスの活性が抑えられるわけです。

　自分が上方向から利用者にアプローチするときでも（美容室でのシャンプー、マッサージ、エステなどで想定される状況）、マスクとフェイスシールドをすることで、利用客に自分の吐いた息を直接当てなくて済むようになります。一方で、横になって上を向いている利用客からは上に向かうような呼気がランダムに立ち上ることに注意が必要です。利用客にもマスクをしてもらうことで、吐いた息の流れが予測しやすくなります。

　感染を広げないためには、お互いにマスクやフェイスシールドをすることが重要であるといえるでしょう。カットやカラー、パーマ施術の場合は、マスクがあると作業がしにくいため、マスクをしない美容室も多く存在します。しかし、なかには、施術の際のみに使用する使い捨てマスクを渡すなどの対策をしているところもあります。

2 部屋の湿度はどうすべきなのか

　ここで疑問に思うのは、部屋の湿度の影響です。風邪をひかないようにするには、部屋の湿度を高くする、とよくいわれます。冬場は、病院でもよく加湿器をつけています。しかし、ウイルスを含んだエアロゾルは、湿度が高い場合、乾燥するのが遅くなります。感染が多くなった「3密」の環境には、人が多くいることで、湿気の多い環境であることも含まれます。このため、湿度が高いほど感染リスクは高まる面もあるわけです。では、湿気があるほうとないほう、どちらが感染対策にとってよいので

しょうか？

　答えは、「適切な湿度を保つこと」ではないかと思います。のどや鼻の粘膜には、「線毛」と呼ばれる組織があります。線毛が正常に働いていれば、鼻腔や気道に付着したウイルスを絡め取って、体外へ排出してくれます。しかし、乾燥しているときは、線毛がうまく働かなくなってしまい、感染を起こしやすくなります。部屋が乾燥しているときに、粘膜が乾いた状態で、湿った相手の飛沫を直接吸うことが一番よくないといえるでしょう。部屋は、40 〜 50％程度の適切な湿度を保ち、人の粘膜がうるおった状態であることが大切です。この程度の湿度であれば、ウイルス飛沫は少しの時間が経てば乾燥させることが可能です。一方で、人が密集し、かつ結露するような高い湿度の場合は、時間が経ってもエアロゾルが乾燥しにくくなるため注意が必要です。適宜換気を行い、適切な湿度を保つ必要があります。

　つまり感染予防には、適切な湿度にしたうえで、マスクをするなど直接相手に飛沫を飛ばさないようにする配慮が有効といえます。

3　予測できない空気の流れ

　部屋の中は、呼気だけが流れているわけではありません。実験は空調を止めた無風状態で行っています。このため、サーキュレーター、空調、シャワーなどを使用すると、流れはより複雑になります。窓の有無など、部屋の仕様によってもさまざまな状況が考えられるため、流れはいつも予測できるわけではありません。

　しかし、暖かい空気は上に向かうこと、身体の表面にくっついているエアロゾルはそのまま上に向かうこと、エアロゾルは不織布マスクを通過しないことの3点を基本の知識とすることで、ある程度の予測をしながら立ち回ることができるようになるのではないでしょうか。

4　おわりに

　新型コロナウイルスへの警戒も和らぎ、マスクをしない生活に移りました。しかし、今後もさまざまな感染症を警戒する場面がやってくるでしょう。その都度、適切な対処をしていることを利用客に示し安心を提供すること、また、自分自身の感染の可能性を限りなく下げることが、個人の健康のためにも、社会のためにも大切です。

参考文献

1）石井慶子・大野淑子・及川麻衣子・大西典子「接触・発話を伴う対面時の呼気の可視化」『可視化情報学会論文集』
第 41 巻第 7 号、pp.21-27、2021 年

2）Keiko, I., Yoshiko, O., Maiko, O., Noriko, O., "Relationship Between Human Exhalation Diffusion and Posture in face-to-
face Scenario with Utterance", *Physics of Fluids*, 33(2), 2021.

第 **6** 章

美容事業の
地域社会における
意義と展望

第1節 地域共生社会と美容福祉・美容事業の進め方と課題

1 地域共生社会とは

　厚生労働省は、地域共生社会を、「社会構造の変化や人々の暮らしの変化を踏まえ、制度・分野ごとの『縦割り』や『支え手』『受け手』という関係を超えて、地域住民や地域の多様な主体が参画し、人と人、人と資源が世代や分野を超えてつながることで、住民一人ひとりの暮らしと生きがい、地域をともに創っていく社会」としています。

　従来の社会保障制度では、高齢者、障がい者、子ども、生活困窮者などの対象者ごとに、縦割りの対応がなされていました。しかし、地域で起こっている困りごとは、

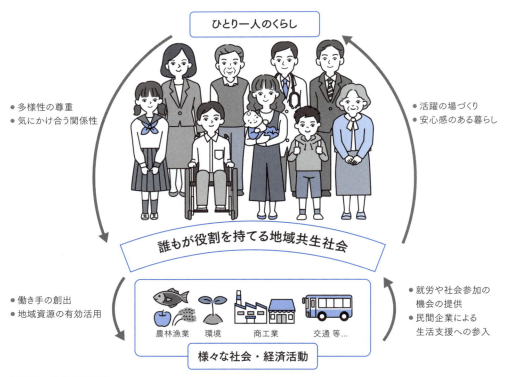

図6-1　地域共生社会
出典：厚生労働省地域共生社会のポータルサイト「地域共生社会とは」

決して対象者ごとの対応で解決するものではなく、さまざまな問題が絡み合い複雑化しています。そのため、複合的な支援が求められています。

そもそも、何か困りごとが起こってから対応が始まるのは遅すぎます。たとえば、地域で暮らしているAさんが、ある日突然支援が必要になり、地域から孤立するという状況は考えにくいでしょう。そのような事態を未然に防ぐために、Aさんが地域の人たちとのつながりをもち、生きがいをもって生活できるように、医療・福祉も含めたさまざまな地域の社会資源が連携することが重要です。その連携を進めるうえで、地域の美容事業がおおいに貢献できる可能性があると考えられます。

2 地域における美容事業の役割と意義

地域共生社会において、美容事業はどのような役割と意義をもつのでしょうか。

まず、美容事業者自身が、地域共生社会を支える担い手であるとともに、その主役でもあると意識し、自身の仕事に誇りと生きがいをもち続けることが大切です。特に、地域に密着した理美容室は、利用客一人ひとりに多くの時間をかけて接するため、信頼関係を築きながら利用客の状況や変化を早く察知することができる貴重な存在です。

また、地域の理美容室には、いつの間にか馴染みの利用客同士のつながりが生まれ、その結果、地域のコミュニティの形成やネットワークのハブとして役割を果たすことが期待されています。つまり、美容事業は地域共生社会に重要なネットワークづくりに欠かせない存在になり得るのです。

理美容室が共通の趣味や関心をもつ人同士をつなげる場になれば、孤立しがちな高齢者を地域社会につなげることも可能になります。高齢者が理美容室に行く機会が増えることで、健康増進になるだけでなく、その途中で買い物なども楽しむことができ、地域経済の活性化にもつながります。

理美容室の存在価値をさらに高めるために、美容事業者が地域のニーズや課題に敏感に対応し、地域住民との信頼関係を築きながら、地域全体の発展に貢献することが求められます。同時に、地域の商店や交通、健康支援などを担う多様な事業者と連携し、誰もが安心して暮らせる地域共生社会の実現に欠かせないしくみづくりに貢献することが重要です。

》TOPICS 9

老人福祉法、介護保険法、障害者総合支援法の対象と訪問理美容の関係

　訪問理美容について、ここではその関係法規や対象についてお話しします。

　理容師法及び美容師法では、理美容師は理美容所以外の場所において、理美容の業をしてはならないこと、ただし、政令で定める特別の事情がある場合には、この限りではないことが定められています。つまり、社会の実情に合わせて、理・美容所以外の場所でもその業を行うことができるのです。この「特別の事情」についての概要は、以下のとおりです。

---

1 疾病その他の理由により、理容所・美容所に来ることができない者（※）に対して理美容を行う場合
2 婚礼その他の儀式に参列する者に対してその儀式の直前に理美容を行う場合
3 前二号のほか、都道府県、保健所設置市、特別区にあっては市または特別区が条例で定める場合

※「疾病その他の理由により、理容所・美容所に来ることができない者」に該当すると考えられる者について（平成28年3月24日付生食衛発0324第1号厚生労働省医薬・生活衛生局生活衛生・食品安全部生活衛生課長通知）

・疾病の状態にある場合のほか、骨折、認知症、障害、寝たきり等の要介護状態にある等の状態にある者であって、その状態の程度や生活環境に鑑み、社会通念上、理容所又は美容所に来ることが困難であると認められるもの
・自宅等において、常時、家族である乳幼児の育児又は重度の要介護状態にある高齢者等の介護を行っている者であって、その他の家族の援助や行政等による育児又は介護サービスを利用することが困難であり、仮に、自宅等に育児又は介護を受けている家族を残して理容所又は美容所に行った場合には、当該家族の安全性を確保することが困難になると認められるもの

　上記の3にあるように、都道府県、保健所設置市、特別区で多少の違いがありますが、東京都では、上記の3の規定に基づき、条例で以下のように定めています。

---

①山間部等における理容所・美容所のない地域に居住する者に対して、その居住地で施術を行う場合
②社会福祉施設等において、その入所者に対して施術を行う場合
③演劇に出演する者等に対して、出演等の直前に施術を行う場合

　地域により違いはあるものの、訪問理美容の対象は、「疾病その他の理由で理美容所に来ることができない」人です。そして、この対象となる人の住まいは、在宅をはじめ、病院や老人福祉法、介護保険法、障害者総合支援法などに関わる場所となります。これらの法律に従って運営される主な施設とその特徴、訪問理美容の可能性について簡単に示します。

施設の種類	施設の特徴	訪問理美容の可能性
特別養護老人ホーム（特養）	原則要介護3以上の高齢者を対象に、日常生活全般の支援を行う	・入所者は外出が難しいため、施設内での訪問理美容が求められる ・定期的なヘアカットやスキンケアを求められるケースが多い
介護老人保健施設（老健）	要介護者が在宅復帰を目指すためのリハビリや介護を行う	・身だしなみを整えることで入所者の自信や快適さを高める ・定期的な美容サービスが施設のケア計画に組み込まれることもある
介護付き有料老人ホーム	介護サービス付きの民間運営の施設	身だしなみや美容への意識が高い入居者が多く、美容サービスの需要が高い
グループホーム（認知症対応型共同生活介護）	認知症高齢者が少人数で共同生活を送る	・認知症高齢者に配慮した美容サービスを提供できる ・身だしなみを整えることで自己肯定感や生活の充実感を高める
小規模多機能型居宅介護施設	デイサービス、ショートステイ、訪問介護などを組み合わせた地域密着型施設	ショートステイ中やデイサービス利用中に美容サービスを提供できる
生活介護施設	障がい者の日常生活支援や身体的ケアを行う	・身だしなみを整えることで自己肯定感や生活の充実感を高める ・定期的なヘアカットやスキンケアを求められるケースが多い
障害者支援施設	障がい者を対象に、生活や就労の支援を行う	・入所者の個別ニーズに対応できる ・定期的に訪問することで、長期的なケアを提供できる
就労支援施設	就労移行支援や、軽作業を通じて働くスキルを身につけるための支援を行う	・就労支援の一環として、身だしなみの整備が重視される ・清潔感の向上が職場での自信や信頼感につながる
地域活動支援センター	障がい者が地域で自立して生活するための住居を提供する	・センター内で定期的に訪問美容イベントを開催できる ・外出や社会参加に向けた準備として美容ケアが役立つ
障害者福祉ホーム	障がい者が社会参加を進めるための活動拠点	・自立を支援する一環として、外見のケアを通じた自信の向上が期待される ・定期的な訪問で利用者のニーズに対応できる

◆訪問理美容を導入する際のポイント

1. **施設との連携**
   - 利用者の健康状態や個別のニーズを施設スタッフと共有する
   - サービス提供の頻度や内容を施設と相談し、スケジュールを調整する
2. **安全性の確保**
   - 障がいや高齢者の状態に応じた施術方法を工夫する
   - 感染症対策や使用器具の衛生管理を徹底する
3. **利用者の快適性と満足度向上**
   - 身だしなみケアだけでなく、心理的効果を意識した施術を取り入れる
   - 負担をかけない工夫を行い、施術時間に配慮する
   - 利用者がリクエストしやすい雰囲気をつくる

　訪問理美容を提供することで、利用者の日常生活がより豊かになり、地域社会での支援の幅が広がります。また、高齢者や要介護者にとっては生活の一部として大きな満足感をもたらし、施設側にとっても付加価値の高いサービスとして評価されます。

第 ② 節　SDGs と美容の継続

1 SDGsとは

　SDGsとは、2015年9月国連で採択された「持続可能な開発目標」のことをいいます。「誰一人取り残さない」という理念のもと、「世界の貧困をなくす」「持続可能な世界を実現する」ことを目指しています。17のゴール（**表6-1**）、169のターゲット、及びその進展を評価するための指針をもつ包括的な目標で、2030年を達成期限としています。

2 美容を持続可能な事業とするために

　美容に関わる企業や事業者も、この地球規模の課題に取り組むことが求められています。たとえば、ケアとして美容を提供するとき、「すべての人に健康と福祉を（**表6-1③**）」提供するにはどうあればよいかを丁寧に考えることが重要になります。その一方で、提供者自身が「働きがいも経済成長も（**表6-1⑧**）」望めるものであり、それを実現できる環境を整えることも重要です。さらに、その美容材料が海洋汚染や森林破壊を起こすようなものであってはなりません（**表6-1⑭⑮**）。

　そのためにも、材料にこだわり、人の健康にとっての意味をきちんと考える必要があります。SDGsの取り組みは、身近なことに問題意識をもち、まずは少しずつ取り組むことが重要とされています。そのためには、まずは17の目標に関わる身近な課

表 6-1　SDGs が目指す 17 のゴール

①貧困をなくそう	⑨産業と技術革新の基盤をつくろう
②飢餓をゼロに	⑩人や国の不平等をなくそう
③すべての人に健康と福祉を	⑪住み続けられるまちづくりを
④質の高い教育をみんなに	⑫つくる責任、つかう責任
⑤ジェンダー平等を実現しよう	⑬気候変動に具体的な対策を
⑥安全な水とトイレを世界中に	⑭海の豊かさを守ろう
⑦エネルギーをみんなに　そしてクリーンに	⑮陸の豊かさも守ろう
	⑯平和と公正をすべての人に
⑧働きがいも経済成長も	⑰パートナーシップで目標を達成しよう

出典）一般社団法人日本 SDGs 協会 HP

題を知ることから始めることが求められます。また、この課題に対して、今後は「美容×〇〇」という発想で地域共生社会を実現するための取り組みを推進することも重要となっています。

さまざまな社会課題を解決するための取り組みを継続して行うには、美容だけで考えるのではなく、同じ目的をもつ他の事業者と協力して進めることで効果と価値が高められます。

たとえば、美容を踏まえたフレイル対策であれば、おしゃれをして外出する意欲と行きたい場所があることが重要です。そのため、「美容×リハビリ×行きたい場所につなげる事業者」と考えられます。また、足爪トラブルや転倒予防のケアでは、「美容（ネイル事業者）×病院（皮膚科）」という組み合わせが有効でしょう。ほかにも、がん患者のアピアランスケアとして「地域の美容事業者×がん治療関連病院」の連携が挙げられます。美容の効果をさらに高め、その力を最大限に活用するためには連携が重要になっていきます。地域共生社会を実現するためにも、どのように周囲と連携して取り組むか、という視点をもつことが重要です。

第2節　SDGsと美容の継続　　**197**

第 ③ 節　訪問理美容事業のこれから

　秋山の研究[1] によれば、高齢者の男女合わせて1 ～ 2割の人の自立度が低下し、要介護状態になるとされています。2023（令和5）年の65歳以上の人口は3623万人であるため、その1 ～ 2割とすると、36万～ 72万人程度が訪問理美容を必要とする可能性があります。しかし、訪問理美容は理美容師が移動してサービスを提供するため、移動時間が必要となります。また、個々の自宅を訪問することになれば、対応できる顧客数も限られてきます。さらに、通常の理美容室と比較して料金が高ければよいのですが、現実的には要介護状態の人たちの経済状態を考え、低料金で美容を提供してきた経緯があります。つまり、ハイリスクであるにもかかわらず、ローリターンであるため、需要は伸びていても供給できる事業所は減る一方でした。

　一方で、総務省の家計調査報告（貯蓄の状況）2023年結果によると、世帯主が65歳以上の世帯における貯蓄金額の平均値は2462万円、中央値は1604万円となっています。つまり、訪問理美容の質の向上を図り、今までのようにできるだけ単価を抑えたサービス展開だけではなく、高付加価値な展開の仕方も考えていくべきではないでしょうか。

　たとえば、健康志向の高い高齢者には、美容と健康を考えた化粧品なども取り入れ、ヘアメイクだけでなく、ネイルケアやハンドケア、フットケアなど、トータルビューティが提供できるプランなどもよいかもしれません。また、医療や福祉だけでなく、旅行会社などの他業種と連携して、おしゃれをして外出を楽しむプランにつなげるなど、自立度が低下しても生活を楽しめる提供の仕方などを考えてもよいのではないでしょうか。

　訪問理美容事業を、今後自立度が低下しても生活の質を向上させる価値ある事業に発展させることが、今こそ求められます。

》TOPICS 10

美容の専門性とボランティア ──災害時ボランティアに求められるもの

1 ボランティアと地域の理美容事業

　自然災害の多い日本では、ボランティアのあり方が課題となっていました。きっかけは、1995（平成7）年の阪神・淡路大震災です。被災した理美容師が仮設店舗で営業を再開したそばで、外部の事業者が無料のボランティアを行ったこともあり、地域の事業者の再生が阻まれたのです。東日本大震災でも同様の状況が懸念されたことから、厚生労働省は、東日本大震災で被災した理容師及び美容師が避難所や仮設住宅で行う訪問理美容に関する通知を出しました。その概要は、以下のとおりです。

・被災地や避難所を訪問理美容の対象とし、法律で定めた理美容所でなくても施術ができる
・訪問理美容を行うことができるのは、被災した理美容師に限定するが、訪問理美容を行える被災した理美容師がいない、またはその数が十分でないときは、全理連（全国理容生活衛生同業組合連合会）・全美連（全日本美容業生活衛生同業組合連合会）からの要請に基づき、被災地域以外の理美容師も訪問理美容を行えるものとする
・「生活衛生関係営業対策事業費補助金」を活用した「被災営業者による被災者支援プログラム」を実施するなど、理美容業などの生活衛生関係営業者による地域再生への貢献を支援する

　この通知は、被災地域外の事業者によるボランティア活動に一定の歯止めをかけ、被災地域の事業を支えることで、社会的、経済的な面での地域再生となることを期待したものといえます。

2 被災地への支援のかたち

　東日本大震災が起きたとき、私たちは、被災地で美容ボランティアを行いました。被災者からは、ヘアカットやシャンプー、カラー、ハンドマッサージ、ネイルカラーなどの希望があったものの、お湯や電気の使用制限がある状態では、全員の要望に応えることができませんでした。そのため、2024（令和6）年に起きた能登半島地震の際は、ボランティアに行く以外でできること、そして被災地の理美容事業者の事業再生につながることを考えました。

　そこで、美容メーカーや山野学苑の協力のもと、洗い流さなくても洗髪効果のある水を被災地に寄付することにしたのです。被災地の理美容室からは、水があるおかげで、倍以上のお客様の施術ができたと喜びの声をいただきました。

　自然災害が決して他人事ではない私たちにとって、助け合う気持ちは大切なものです。しかし、被災地にボランティアに行くことが、現地の人にとっては復興の妨げとなる迷惑行為になることもあります。支援をしたいという気持ちはとても尊いものですが、地域の復興を支援するという視点から、今一度ボランティアのあり方を考えてみてください。

引用文献・参考文献

（第 3 節）

1）秋山弘子「高齢化する社会」プラチナ構想委員会『プラチナ構想ハンドブック——「高齢化」のパワーで世界を変えろ！』日経 BP 社、2012 年（https://www.platinum-handbook.jp/contents/5/）

おわりに

　本書は、「美容福祉」「美齢学」が進められてきた背景とその後の展開を含め、「ケアとしての美容」を社会課題の解決の一助としていただけるよう構成しています。ケアとしての美容の本質は、大切なことは外見ではないことを、外見のケアを通して伝えることでもあります。

　本書は、執筆いただいた方々はもちろんですが、これまで非常に長い時間をかけて「美容福祉」「美齢学」を構築してくださった多くの方々と、「美容福祉」「美齢学」の本質を理解し、また丁寧に根気強く寄り添い続けてくださった仲真美智留様をはじめ、中央法規出版の関係者の皆様のご尽力により出版することができました。ご尽力いただいた皆様に心から感謝いたします。

編集委員一同

編 集 ・ 執 筆 者 一 覧

編集

学校法人山野学苑

編集委員（五十音順）

大西典子（おおにし・のりこ）
山野美容芸術短期大学美容総合学科教授

大野淑子（おおの・よしこ）
山野美容芸術短期大学客員教授

平田普三（ひらた・ひろみ）
青山学院大学理工学部化学・生命科学科教授、青山学院大学ジェロントロジー研究所所長

山野愛子ジェーン（やまの・あいこ・じぇーん）
学校法人山野学苑理事長・学苑長

執筆者（五十音順）

青木和子（あおき・かずこ）………第 4 章第 4 節 4
山野美容芸術短期大学名誉教授

秋田留美（あきた・るみ）………第 3 章第 2 節
山野美容芸術短期大学美容総合学科教授

五十嵐靖博（いがらし・やすひろ）………第 2 章第 2 節
山野美容芸術短期大学美容総合学科教授

石井慶子（いしい・けいこ）………第 5 章
中央大学理工学部精密機械工学科准教授

及川麻衣子（おいかわ・まいこ）………TOPICS 1、第 4 章第 1 節・第 3 節・第 4 節 1・第 5 節 3、4・第 6 節 2 ～ 4
山野美容芸術短期大学美容総合学科准教授

大西典子（おおにし・のりこ）………第 1 章第 2 節、第 2 章第 1 節、第 4 章第 4 節 1・第 5 節 1、2・第 6 節 1、5、
TOPICS 8
山野美容芸術短期大学美容総合学科教授

大野淑子（おおの・よしこ）………第 3 章第 4 節、第 4 章第 4 節 2・3
山野美容芸術短期大学客員教授

荻野道人（おぎの・みちひと）………TOPICS 9
山野美容専門学校事務局長補佐

加藤 宏美（かとう・ひろみ）………第 3 章第 5 節 3・4
山野美容芸術短期大学美容総合学科准教授

佐藤美奈子（さとう・みなこ）………第 4 章第 4 節 4
山野美容芸術短期大学美容総合学科教授

佐野智子（さの・ともこ）………TOPICS 2
城西国際大学福祉総合学部福祉総合学科教授

佐野美惠子（さの・みえこ）……… TOPICS 7
訪問健美理美容・すぎなみ代表、特定非営利活動法人全国介護理美容福祉協会理事

杉本剛英（すぎもと・たけひで）……… TOPICS 5、TOPICS 6
美容室そら代表、特定非営利活動法人全国介護理美容福祉協会理事

竹下啓（たけした・けい）……… 第 4 章第 7 節
東海大学医学部医学科教授

ティミー西村（てぃみー・にしむら）……… 第 3 章第 3 節 1
山野美容芸術短期大学客員教授

富田知子（とみた・ともこ）……… 第 4 章第 3 節
山野美容芸術短期大学美容総合学科教授

永松俊哉（ながまつ・としや）……… 第 3 章第 6 節
山野美容芸術短期大学美容総合学科教授

西尾栄次（にしお・えいじ）……… TOPICS 10
美容室ヘアーレスト代表、特定非営利活動法人全国介護理美容福祉協会理事

西潔（にし・きよし）……… 第 6 章
学校法人山野学苑法人事務局総務部美容福祉推進課課長

野澤桂子（のざわ・けいこ）……… 第 3 章第 1 節、第 4 章第 2 節
目白大学看護学部看護学科教授

日置俊次（ひおき・しゅんじ）……… TOPICS 3
青山学院大学文学部日本文学科教授

平田普三（ひらた・ひろみ）……… 第 1 章第 1 節
青山学院大学理工学部化学・生命科学科教授、青山学院大学ジェロントロジー研究所所長

峯脇真弓（みねわき・まゆみ）……… 第 3 章第 5 節 1、2
山野美容芸術短期大学美容総合学科准教授

村木代志美（むらき・よしみ）……… 第 6 章
山野美容専門学校教員兼法人事務局総務部美容福祉推進課員

山下玲子（やました・れいこ）……… TOPICS 10
美容ケア研究所代表理事、特定非営利活動法人全国介護理美容福祉協会理事

山野愛子ジェーン（やまの・あいこ・じぇーん）……… 第 4 章第 4 節 4
学校法人山野学苑理事長・学苑長

吉田真希（よしだ・まき）……… 第 3 章第 3 節 2・第 5 節 2（表 3-20、ハンドマッサージ）
アリアドネ・コミュニケーション代表

米山聡（よねやま・さとる）……… TOPICS 4
青山学院大学理工学部機械創造工学科教授

美しく生きるための美容福祉
――ジェロントロジー・美齢学――

2025 年 3 月 10 日　発行

編　集　　学校法人山野学苑
発行者　　荘村明彦
発行所　　中央法規出版株式会社
　　　　　〒110-0016　東京都台東区台東 3-29-1 中央法規ビル
　　　　　TEL　03-6387-3196
　　　　　https://www.chuohoki.co.jp/

印刷・製本　　株式会社アルキャスト
本文・装丁デザイン　　加藤愛子（オフィスキントン）
イラスト　　藤田侑巳（株式会社ブルーフイールド）

定価はカバーに表示してあります。
ISBN978-4-8243-0189-5

本書のコピー、スキャン、デジタル化等の無断複製は、著作権法上での例外を除き禁じられています。
また、本書を代行業者等の第三者に依頼してコピー、スキャン、デジタル化することは、たとえ個人や家
庭内での利用であっても著作権法違反です。
落丁本・乱丁本はお取り替えいたします。

本書の内容に関するご質問については、下記 URL から「お問い合わせフォーム」にご入力いただきます
ようお願いいたします。
https://www.chuohoki.co.jp/contact/

A189